Marchesa

UN MATRIMONIO IN PROVINCIA

È difficile immaginare una gioventú piú monotona, piú squallida, piú destituita d'ogni gioia della mia. Ripensandoci, dopo tanti e tanti anni, risento ancora l'immensa uggia di quella calma morta che durava, durava inalterabile, tutto il lungo periodo di tempo, da cui erano separati i pochissimi avvenimenti della nostra famiglia.

Non conobbi mia madre, che morí nel primo anno della mia vita. La famiglia si componeva del babbo, notaio Pietro Dellara; d'una vecchia zia di lui, una zitellona piccola, secca come un'aringa, che dormiva in cucina dove aveva messo un paravento per nascondere il letto, e passava la vita al buio dietro quel paravento; di mia sorella maggiore Caterina, che si chiamava Titina; e di me, che avevo ereditato dal mio compare il nome infelice di Gaudenzia, ridotto, per uso di famiglia, al diminuitivo ridicolo di Denza.

Avevamo una casa... Dio che casa! Un'anticamera, di grandezza naturale, ma chiara che abbagliava, e perfettamente vuota. Non c'era dove posare un cappello. Alcuni testi con un resto di terra arsiccia e dei mozziconi di piante, morte di siccità, perché nessuno si era mai curato di inaffiarle, la ingombravano qua e là, e servivano, quando occorreva, a tener aperto l'uscio che metteva in sala.

La sala vasta, quadrata, chiara, troppo chiara, perché non c'erano né tende, né cortine, né trasparenti alle finestre, era mobigliata con un divano addossato alla parete principale di contro alle finestre, quattro poltrone due a destra e due a sinistra del divano, appoggiate al muro, ed otto sedie lungo le pareti laterali, quattro per parte. Nel centro della sala c'era una tavola rotonda, coperta con un tappeto di lana; e sul rosone di mezzo del tappeto, c'era una scatola da guanti col coperchio di vetro, traverso il quale si vedeva un paio di guanti bianchi un po' sciupatini. La scatola era un dono nuziale del babbo alla sua sposa, ed i guanti erano quelli che la mia povera mamma aveva portati il giorno delle nozze. Intorno alla scatola erano schierati sulla tavola: due cerchi da tovaglioli ricamati sul canovaccio, colla scritta «buon appetito»; un portasigari di velluto rosso, con una viola del pensiero ricamata in seta; una busta di pelle scura, imbottita di raso turchino, che stava sempre aperta per lasciar vedere una ciotola ed un piattino d'argento, dono del mio compare Gaudenzio alla mia mamma, in occasione della mia nascita.

Nessuna di quelle cose aveva mai servito all'uso a cui era destinata, perché il babbo le trovava troppo di lusso e per conseguenza la teneva in sala, la stanza di lusso della casa.

Dopo la sala veniva la camera del babbo con un gran letto nuziale, che la riempiva tutta. A capo del letto c'erano due pilette d'acqua santa d'argento cesellato, che il tempo aveva ossidate rendendole piú belle, due altre pilette di porcellana, in forma di angeli, colla gonnellina rialzata che faceva da coppa, e finalmente una quinta piletta di rame inargentato, che però aveva perduto l'argento, era la sola che contenesse veramente l'acqua santa. E sopra le pilette erano appesi molti rami d'ulivo, e palmizi, ed un fascio di *lumencristi*, dai quali si sarebbero potuti contare gli anni dacché il babbo aveva messo casa, cominciando dai primi, rappresentati da candelette sminuzzate, tenute insieme soltanto dall'anima di bambagia, sulla quale quei vecchi pezzetti di cera annerita, ciondolavano come una filza di salsiccie, e passando via via, d'anno in anno, pei *lumen-cristi* scrostati, sgretolati, contorti, poi per quelli intieri ma gradatamente sudici, che, dal color castano, venivano giú giú per tutte le sfumature del giallo, fino a quello dell'ultimo anno, intatto, quasi bianco, coi fiorellini rossi e verdi dipinti, che erano una bellezza.

A destra del letto c'era uno scrigno, dove il babbo teneva gelosamente rinchiusi i denari e quelle che chiamava «le reliquie di famiglia»: i ritratti al dagherrotipo di lui e della mamma quand'erano sposi, quasi completamente svaniti; la cuffiettina che aveva servito pel nostro battesimo; una quantità di fogli ingialliti, che contenevano le poesie giovanili del babbo, e finalmente i gioielli della mamma.

Dall'altra parte del gran lettone, c'erano otto seggiole a spalliera alta, ma punto antiche né belle, vecchie soltanto, e schierate in fila come tanti soldati. E se per caso una si staccava un dito dal muro, o rimaneva voltata anche solo d'una linea verso la sua vicina, il babbo correva a metterla a posto e non era contento se non s'era assicurato, chinandosi e prendendo la mira come se dovesse sparare, che gli otto sedili formavano una linea retta inappuntabile.

Dopo la camera del babbo, c'era una vasta cucina, dove la zia s'era tagliata fuori la camera da letto col paravento; il che non impediva che ci stessero a tutto agio una tavola ordinaria per usi di cucina, ed una tavola di noce piú grande, dove si pranzava.

Dietro la cucina c'era una stanzona larga, bassa di soffitto, colle pareti imbiancate a calce, dove si dormiva la Titina ed io. I nostri letti erano di quelli primitivi, fatti di cavalletti e panchette, con un saccone di cartocci ed una materassa. Ed a capo del letto avevamo anche noi la piletta dell'acqua santa, ma di terra verniciata come i tegami da cucina, delle immagini sacre che, per risparmiare la cornice, erano state appiccicate al muro colla pasta, ed un rosario di avellane con una noce per ogni paternostro, che ci aveva fatto commettere col desiderio chissà quanti peccati di gola, ed aveva dovuta la sua salvezza, nei primi anni al suo carattere sacro, e piú tardi al suo gran puzzo di rancido.

Non c'era un giardino, né un cortile, né un balcone per uscire a respirare all'aperto.

Ma, in compenso, il nostro babbo aveva la passione, la fede, la manía del moto. Per tutte le malattie, per tutti i guai della vita ammetteva due soli rimedi, ma erano infallibili: una lampada alla madonna, ed il moto.

Li usava anche come preservativi, come semplici misure igieniche; perché noi non s'avevano in casa né malattie, né guai; eppure la lampada s'andava a farla accendere ogni venerdí, e, quanto al moto, se ci penso mi dolgono ancora le piante dei piedi.

Dio! Quanto camminare su quelle strade maestre larghe, diritte, bianche l'inverno di neve, e l'estate di polvere, che s'allungavano a perdita d'occhio nelle vaste pianure, fra i prati e le risaie del basso Novarese!

Ho detto che il babbo era notaio; ma il suo studio non era preso d'assalto dai clienti. Teneva un giovane praticante, e lui solo con quell'aiuto bastava a tutto, ed avanzava ancora il tempo per le nostre enormi passeggiate.

La mattina ci faceva alzare prestissimo, ci dava appena il tempo di vestirci, e via; lasciando la casa sossopra, i letti disfatti, s'andava giú giú, lungo una strada maestra qualsiasi, senza scelta, senza scopo.

A lui non importava che i luoghi fossero belli; non ambiva di fare delle escursioni alpine; punto. La sua passione era proprio di mettere un piede avanti l'altro, per molte ore di seguito, e di poter dire al ritorno: «Si son fatti tanti chilometri».

Quando si tornava eravamo stanche, e non ci sentivamo di sfacchinare per ordinare la casa. C'era una serva che veniva alle otto del mattino, e se ne andava verso le due. In quelle ore doveva ordinare, andare al mercato, far la cucina, servire in tavola, rigovernare.

Tutto dunque era fatto molto sommariamente. Ma il babbo, pel mangiare era sempre contento, per l'ordine di casa gli bastava che i mobili fossero bene a posto e le sedie bene in fila; e purché si facesse del moto non esigeva di piú.

Non ci mandava neppure a scuola, perché diceva che tutte quelle ore di immobilità sono micidiali. C'insegnava lui di quando in quando a leggere, scrivere e far di conto. E durante le nostre passeggiate faceva la nostra educazione letteraria.

Almeno lui lo credeva, perché ci raccontava l'*Iliade*, l'*Eneide*, la *Gerusalemme*. Si animava, gesticolava narrando di eroi che si battevano soli contro un'armata, sollevavano macigni grossi come montagne e li scaraventavano contro il nemico, compievano le imprese piú stupefacenti ed inverosimili; e, quando finiva quelle narrazioni, il povero babbo era tutto ansimante ed in sudore, come se quelle gesta le avesse fatte lui.

Noi non dividevamo punto la sua ammirazione. Prive dell'attrattiva della forma, dette cosí fra due campi di granturco, quelle cose ci parevano stravaganze, e non ci riusciva di capire come potessero costituire la nostra educazione letteraria. Le confondevamo con certe fole bislacche, che ci raccontava la zia nelle sere di pioggia, e non le trovavamo neppure piú belle.

Tra il pranzo e la cena si faceva un'altra passeggiata sopra un'altra strada maestra, o magari sulla stessa del mattino.

A cena si mangiava freddo qualche avanzo del pranzo, e dopo, s'usciva un'altra volta, si correva all'altro capo di Novara fino al palazzo del mercato, un gran quadrilatero cinto da tutti i lati da bei portici alti e spaziosi, e si girava, si girava intorno a quel palazzo, sotto quelle arcate deserte e sonore, finché s'aveva la persuasione d'aver fatto un numero sufficiente di chilometri, per poter andare a dormire colla coscienza tranquilla.

Noi non eravamo malcontente di quel regime, e non ci annoiavamo di certo. Ma non eravamo neppur contente, e non ci divertivamo. Era un'apatia, un'indifferenza assoluta.

Nell'autunno uscivano di collegio certe nostre lontane parenti che ci chiamavano cugine, e, prima che partissero per la campagna, il babbo ci conduceva a vederle. Avevano una sala poco migliore della nostra; ma ci stavano continuamente, ci tenevano dei fiori, movevano i mobili, e pareva tutt'altra cosa.

Ci ricevevano là, fra i loro ricami ed i loro libri; salutavano graziose e disinvolte, e porgevano la mano al babbo, dicendogli con un coraggio che ci sbalordiva:

— Buon giorno, dottore.

Poi si volgevano a noi con molto buon garbo, e ci domandavano:

— Volete che andiamo di là a giocare, o preferite che si stia qui a discorrere?

Per noi erano due cose egualmente impossibili. Non avevamo mai giocato. Nessuno ci aveva mai dato un trastullo né una bambola; e per correre e saltare, in casa nostra non c'era posto. Le nostre ricreazioni erano quelle interminabili passeggiate. E quando le pioggie torrenziali, o la neve alta un metro, o un calore di trentasei gradi all'ombra, un caso di forza maggiore, rendeva le passeggiate impossibili per qualche giorno, quelle ore si dovevano occupare ad imparare il famoso *leggere, scrivere e far di conto*.

In conseguenza non sapevamo né giocare né discorrere; ed a quella domanda delle cugine Bonelli ci guardavamo fra noi un po' confuse e non rispondevamo nulla.

E loro dicevano:

— Ebbene, stiamo qui, facciamo conversazione.

Mettevano un panchettino dinanzi alla finestra, tiravano quattro poltroncine basse basse intorno, poi sedevano loro due e facevano seder noi, mettendo tutte e quattro i piedi sullo stesso panchettino «per star piú vicine» dicevano; come se fossimo in gran confidenza. Ma noi, per vicine che si fosse, non si sapeva mai cosa dire. Però loro erano cosí belline e gentili, e sapevano tante cose, che eravamo contente soltanto di guardarle, e di star a sentire le loro chiacchierine del collegio dov'erano state, e della campagna dove andavano.

Dopo la campagna venivano poi loro a salutarci prima di tornare in collegio, e, se riescivano a trovarci in casa, il che non era facile, le ricevevamo maestosamente in sala, dicendo: «accomodatevi, sedete» e finalmente mettendoci a seder noi sul divano per dare l'esempio. E loro dicevano: «grazie, grazie» ma non sedevano mai, sfarfallavano un po' intorno, toccavano tutte le cose sulla tavola, la scatola da guanti, i cerchi da tovagliolo, la coppa, e domandavano ogni volta, chi aveva fatto questo e regalato quello; e noi ripetevamo la leggenda d'ogni oggetto.

Poi correva in sala il babbo, che noi avevamo fatto chiamare in aiuto, e non so come avvenisse che, dopo due minuti, stava narrando con grande enfasi e grandi gesti, qualche impresa eroica degli Aiaci, o qualche sfuriata di Orlando. E quelle ragazzine ridevano, capivano, suggerivano, e sapevano anche loro i nomi degli eroi di quei poemi del babbo, come se fossero stati dei loro amici. La Titina diceva:

— È perché loro hanno già fatta la loro educazione letteraria.

Pel resto dell'anno poi, si parlava di quelle visite fra noi e colla zia. La zia ci stava a sentire con un gran sorriso beato che le scopriva tutte le avarie della dentiera; pareva che ci avesse gusto alle nostre chiacchierine; cercava anche di prendere parte al discorso. Ma, quando si rideva, non le riesciva mai di afferrare il lato buffo della cosa, e rideva dal canto suo per tutt'altro motivo.

Una volta le Bonelli ci avevano narrato quel vecchio aneddoto, d'una signora che, dopo aver cercato sull'orario delle strade ferrate dove potrebbe fare una gita di piacere, vedendo: Novara, Trecate, Magenta, Milano e viceversa, disse: «Andiamo a Viceversa!»

Noi ne ridemmo per l'appunto un anno; e l'anno seguente credevamo di riderne ancora colle cugine, che l'avevano dimenticato, e quando glielo ricordammo, sorrisero appena, e dissero che era «una vecchia stupidaggine».

Ma, nel colmo della nostra ilarità, la zia se l'era fatto raccontar molte volte; poi era scoppiata in una gran risata convulsa, esclamando: — Il Vice-versa! Il Vice-versa! — ed alzando la mano nell'atto di chi versa qualche cosa da una brocca.

C'era nella nostra parrocchia un vice-parroco, che, tra loro divote, chiamavano il Vice, e del quale si occupavano e parlavano continuamente. In quell'aneddoto credeva che ci fosse un'allusione balorda a quel suo Vice, e fu impossibile distoglierla da quell'idea, che trovava enormemente comica.

Del resto aveva poco tempo da chiacchierare. Soffriva di reumi, ed era occupata continuamente a mettersi una flanella di piú, o a toglierla, appena la temperatura aumentava o diminuiva d'un grado.

Poi aveva le funzioni di chiesa, che le portavano via molte ore del mattino. Poi c'era la serva, alla quale si figurava d'insegnare a far cucina, un'arte che le era perfettamente ignota, e per la quale aveva un'inettitudine fenomenale.

Queste sono le memorie rosee dell'infanzia, l'età dei sorrisi, delle gioie, di tutte quelle belle cose che si dicono e si scrivono.

Poi venne la gioventú.

Ma, tra la gioventú e l'infanzia, quando avevo poco piú di quattordici anni, accadde il primo grande avvenimento della nostra famiglia.

Il babbo si ammogliò con una vecchia signora, che conoscevamo da un pezzo, e che ci dava una gran suggezione. Da anni ed anni, la vedevamo venire in chiesa l'inverno con un gran mantello di flanella viola che l'avvolgeva tutta, ed uno scialle sul braccio, da stendersi sulle gambe quand'era seduta, perché soffriva il freddo alle ginocchia. Portava un cappello stravagante, con un lungo bavero di seta, che le ricadeva sulla schiena, per ripararle il collo dall'aria. Teneva sempre nel manicotto una palla d'ottone piena d'acqua calda; e masticava perpetuamente un pezzo d'anice stellato per la digestione. S'era fatta radere i capelli sul cucuzzolo, perché erano molto diradati, e sperava di farli crescere piú fitti, ma non erano cresciuti piú, e portava sempre un parrucchino sulla parte rasa.

Noi credevamo che avesse cinquant'anni, il che, ai nostri occhi, era l'ultima espressione della vecchiaia: l'età della zia. Seppimo piú tardi che ne aveva quarantatré. Ma per noi era lo stesso.

Figurarsi che ridere, quando udimmo che il babbo la sposava! Egli ci disse:

— Capirete, figliole, che lo faccio nel vostro interesse. Io ho un piccolo, piccolo patrimonio; lo studio non frutta molto; la dote di vostra madre si riduce a diecimila lire. Questa buona signora ha sessantamila lire, che un giorno o l'altro toccheranno a voi, perché non ha parenti, e vuol bene a me... Inoltre si occuperà un poco di voi, che ora siete grandi, ed avete bisogno d'un'assistenza, che la zia non saprebbe prestarvi...

Furono ancora dei bei giorni quelli del fidanzamento e delle nozze.

Era d'autunno. Le cugine eran fuori dal collegio, ed a noi non parve vero d'andarle a vedere con quella gran nuova in petto. Infatti, appena fummo sedute, cogli otto piedi sul panchettino, ci dissero: — Dunque avete una sposa in casa, nevvero? — E si misero a ridere, e noi a ridere piú di loro. Una commedia, via! Calcolavamo che, fra tutte e quattro noi, si riesciva appena a mettere insieme l'età della sposa. La Giuseppina, la cugina maggiore, che aveva quindici anni, diceva con gran sussiego:

— Ed appena collocata questa sposina, bisognerà pensare a dar marito alla zia!

Ah! che allegria! La sposa ci faceva andare ogni giorno tutte e quattro a casa sua, dove, dacché s'era promessa, aveva posto sulla tavola del salotto un gran vassoio di confetti, nel quale potevamo attingere liberamente. E questo durò fin al giorno delle nozze; un mese e mezzo o due mesi.

Che allegria! Ci mettevamo tutte intorno al vassoio, e stritolando confetti, dicevamo ogni sorta di insulsaggini maligne sul conto della sposa: «Come sarà bellina vestita di bianco! Avrà suggezione a dar del tu allo sposo cosí giovinetta. Si punterà i fiori d'arancio nel parrucchino».

E quelle stupidaggini ci divertivano come se fossero state le cose piú spiritose.

Dopo le nozze gli sposi partirono, e noi si stette otto giorni sole colla zia, che ci faceva uscir di casa soltanto la mattina presto, per andare in chiesa. Ma avevamo ancora i confetti nuziali, i doni nuziali, e quel tempo ci parve breve.

Poi una sera tornò il babbo con sua moglie, sana, forte, che non masticava piú l'anice stellato, che mangiava polenta, e fagioli, e citrioli, ed ogni sorta di cose indigeste, e camminava come un portalettere... Insomma, quegli otto giorni di viaggio, ed «il cambiamento di stato» come diceva lei, l'avevano rimessa tutta a nuovo. Era piena di brio e di vita.

Fece portare nel nostro salotto tutti i mobili del suo, che, per combinazione, erano precisamente gli stessi che avevamo noi: un divano, otto sedie, quattro poltrone, ed una tavola rotonda. Soltanto, i nostri erano verdi, e quelli della sposa rossi! Non si potevano fondere; quelle due tinte urtavano terribilmente.

La sposa risolvette la questione collocando il salotto rosso contro la parete destra, il salotto verde contro la parete sinistra, ciascuno colla rispettiva tavola dinanzi, e facendo casa da sé. La parete principale, di contro alle finestre, divenne un terreno neutro, dove i due salotti si avanzavano ciascuno dalla sua parte, fin quasi a metà; poi si fermavano ad una linea di demarcazione ideale, che indicava lo spazio da frapporre tra l'ultima seggiola rossa, e la prima seggiola verde.

E cominciarono a venir delle visite.

Noi ce ne facevamo una festa. Correvamo in sala, e stavamo là sedute colla bocca aperta, a sentire cosa dicevano. Persino la zia, sedotta da quella novità, si messe un abito piú liscio, piú nero, piú aderente che mai, una cuffia d'una bianchezza abbagliante con una bella gala insaldata che le incorniciava il viso, e venne a sedere in sala, sorridente e muta, colle mani incrociate in grembo.

La sposa lasciò che i visitatori fossero partiti, poi ci disse con gran disinvoltura:

— Un'altra volta è inutile che voialtre ragazze veniate in sala quando c'è gente. Ed anche lei, zia. Io non ho bisogno d'assistenza; è l'unico vantaggio d'essermi maritata vecchia.

La zia rientrò quatta quatta nel paravento, e noi tornammo nella nostra camera solitaria.

Le passeggiate sulle strade maestre si ripresero, in compagnia della sposa, che si appoggiava trionfalmente al braccio del babbo, e ci diceva: «andate avanti voialtre». Ma dalle corse della sera intorno ai portici, fummo escluse. La sola volta che si vedesse qualche persona civile e ben vestita, era appunto quando si traversava la città, dopo cena, per andare sotto i portici del mercato. Addio! Non ci si andò piú.

Passati i primi mesi della luna di miele, la sposa cominciò a badare un poco alla casa, e trovò che era molto in disordine. Questo era vero. S'accorse che noi non si sapeva punto cucinare. E questo era pure vero. Dichiarò che spendere i nostri denari per ingoiare gli intingoli che faceva fare la zia, era troppo da grulli. Terza verità incontestabile.

E pronunciò questa sentenza: «Che a correre sulle strade maestre non s'impara nulla». Il babbo insinuò modestamente che ci «raccontava i classici» passeggiando, ma lei diede una crollatina di spalle e disse:

— Sí, va bene; ma possono anche farne a meno. Io non so neppure cosa siano, ed ho trovato marito lo stesso. Un po' tardi, soggiunse con la franchezza imperturbabile che faceva passar la voglia di burlarla, ma insomma, l'ho trovato. Dunque, a correre tutto il giorno non s'impara nulla. Di «leggere, scrivere e far di conto» ne sanno a sufficienza, le ragazze non debbono diventar dottoresse. Ora è tempo che imparino a tenere la casa in ordine, a cucire, a stirare, a cucinare, ad essere buone massaie.

Parole d'oro a cui nessuno trovò nulla a ridire. Per conseguenza anche le lunghe strade maestre, bianche di neve e di polvere, furono abbandonate, e si cominciò tutt'altra vita.

La sposa comperò due seggioline di paglia, che collocò ai due lati della finestra della cucina, fra la tavola piccola ed il paravento della zia, e ci fece sedere, la Titina ed io, una in faccia all'altra, con un cesto di vimini in mezzo, pieno di biancheria da accomodare.

La mattina ci faceva scopare, spolverare, rifare i letti, sfaccendare per la casa con un gran grembiule di tela davanti; poi ci mandava in camera a pettinarci e vestirci. E quando eravamo in ordine, bisognava sedere a lavorare. Però, all'ora di fare il pranzo, una settimana per ciascuna, si lasciava il lavoro d'ago, e s'imparava a cucinare sotto la direzione della sposa, piú intelligente e piú energica di quella della zia.

Anche a volerlo, non si sarebbe potuto dire, in coscienza, che ci facesse del male. Se soltanto ci avesse messa un po' di buona grazia nell'insegnare, nel comandare!... Ma non era nel suo carattere, nel suono della sua voce, ne' suoi modi. Era aspra per natura, e quell'asprezza la chiamava sincerità. Infatti era sincera, e diceva francamente tutto quel che pensava. Le gentilezze non le capiva e le chiamava leziosaggini.

Noi eravamo state male avvezze fra un uomo ed una vecchia. Non avevamo l'abitudine della disciplina e del lavoro. Quell'anno cominciammo a sentirci malcontente della nostra vita.

L'anno seguente fu ben peggio. Nacque un bambino, e, sebbene fosse mandato a balia a Trecate, divenne il re della casa. La sposa rifiutò il dono d'un abito che il babbo voleva farle scegliere, e disse di darle invece quella somma in danaro, che voleva metterla alla cassa di risparmio «pel suo erede».

Poco dopo disse che lei era vecchia, che non faceva vita elegante, per conseguenza i gioielli non le servivano, ed era un peccato tenere un capitale morto in orecchini e spille.

E vendette tutti i gioielli che erano stati regalati a lei personalmente e con quel denaro comperò un pezzo di campo, accanto ad un fondo che possedeva già «pel suo erede».

Fra le molte economie che inventò, ci fu anche quella di far macinare una gran parte del granturco che si raccoglieva sui fondi del babbo, e di fare un gran consumo di polenta in famiglia. Un bel giorno arrivò un carro con un'infinità di sacchi di farina, che furono collocati nell'anticamera, e parte anche in sala, la stanza di lusso.

«Occupavano soltanto un angolo... si vedevano appena...» Ma poco dopo venne la provvista delle patate, delle castagne, delle mele, del riso; e tutte quelle derrate s'accumularono in sala, che diventò una specie di dispensa. Il babbo osservò che non s'aveva piú un luogo per ricevere.

Ma la sposa rispose subito:

— Per ricevere chi? Le mie visite, nevvero? perché le persone che debbono parlare con te, vengono nel tuo studio da basso. Ebbene, le mie visite trovano qui il divano e le poltrone, che ci debbono essere in una sala. Le provviste sono un di piú, e danno un'idea d'abbondanza, che alla gente seria non può dispiacere. Del resto le visite sono una superfluità, ed io, che quasi non ne faccio, finirò per non piú riceverne. Mentre la farina, le patate, le frutta, sono una necessità della famiglia.

Aveva sempre ragione lei. Infatti di visite non ne vennero quasi piú. I pochi parenti, che capitavano assai di rado, si ricevevano nella camera del babbo, divenuta camera nuziale, dove si teneva il camino acceso. E la sala s'andò coprendo d'uno strato di polvere sopra le vecchie lenzuola che coprivano i mobili, e si trasformò definitivamente in magazzeno. Pareva fatta apposta, perché non aveva né stufa né camino, ed era fredda come una cantina. Le patate vi gelarono.

Intanto avevo compiti i sedici anni. Ero cresciuta molto, ed anche mi ero sviluppata in proporzione. Gli abiti mi scricchiolavano sulla vita, e spesso si aprivano nelle cuciture delle maniche e del dorso; e sul petto ne saltavano via i bottoni o si squarciavano gli occhielli, che era una disperazione.

Ed avevo ancora i capelli rialzati sulla fronte, tirati indietro e stretti sulla nuca in un nodo compatto come una collegiale, e le gonnelle corte fin sopra la caviglia, che lasciavano vedere tutto il piede, punto piccolo né grazioso, calzato di grosse scarpe solidamente costruite in vista del moto straordinario che, secondo il babbo, era una necessità della vita.

Appena il bimbo della nostra matrigna ebbe sei mesi, la sua nutrice si ammalò, e si dovette prenderlo in casa e finire di tirarlo su coll'allattamento artificiale.

Quando avevo in braccio quel marmocchio, che toccava a me di sballottare tutto il giorno per la casa, perché la Titina non era abbastanza forte per reggerlo a lungo, la matrigna mi guardava con compiacenza, e diceva:

— Ci voleva proprio un bimbo, su quelle braccia! Non sembra una bella sposa di Trecate o d'Oleggio, col suo primo maschiotto?

Io non ero punto lusingata da quel discorso, perché, infatti, colla mia floridezza e la vestitura insufficiente sembravo appunto una contadina dei villaggi che diceva lei, o di qualunque altro; e questo mi mortificava. Una volta mi provai a dirle:

— Già, sembro una contadina coi vestiti corti e pettinata a questo modo. Bisognerebbe che dividessi un poco i capelli sulla fronte, che li abbassassi, e che allungassi un pochino le gonnelle, tanto da coprire i piedi...

Ma la matrigna esclamò:

— Ci mancherebbe altro! Cosa ti salta in mente? Con quella faccia bianca come la luna, e quegli occhiacci che sembrano due lanterne, ti fai guardare anche troppo, e fai scomparire tua sorella, che è una miseria. Se ti si veste anche da ragazza da marito, buona notte! Quell'altra non si marita piú.

Infatti la Titina era una virgola accanto a me. Piccina, biondina, graziosa, cogli occhi chiari e senza ciglia, pareva una figurina di cera.

L'idea di recare un danno a lei, mi trattenne dal reclamare che mi vestissero da signorina. Ma quando mi toccava d'uscir di casa, camminando dinanzi al babbo ed alla matrigna, col bimbo in collo e conciata a quella maniera, divoravo una stizza, che non so come facessi a non dimagrarne.

E, per maggior dispetto, tutti mi guardavano e sorridevano, e bisbigliavano fra loro.

Una volta, tornando a casa dopo una di quelle disgraziate passeggiate, la Titina mi disse, guardandomi colla piú profonda stupefazione:

— Sai che sei bella, Denza?

Io ripetei un po' confusa:

— Bella?...

Ma debbo confessare che ero un po' meno stupefatta di mia sorella. Molte volte avevo colte al volo certe parole di quei signori che mi guardavano in istrada... «Bel pezzo di giovane... Bella faccia... Begli occhioni... Fresca come una rosa...»

Ed ogni volta, tornando a casa, ero andata allo specchio per vedere se avevano detto il vero.

E quella buona Titina, che cascava dalle nuvole all'idea che quella qualità di lusso, tutta speciale, secondo lei, alle giovani delle fole e dei poemi del babbo, se ne stesse modestamente in casa nostra, e sotto i miei umili panni, tornò a dire:

— Ma sí, Denza. Ho udito un signore che si è fermato a guardarti, poi ha detto: «Che bella giovane! È una bellezza!»

Quel discorso si faceva nella nostra camera. La matrigna, che era in cucina, l'udí, e colla solita sincerità brusca, aperse l'uscio, mise dentro il capo, e disse:

— Una bellezza no, perché ha l'aria troppo beata e minchiona. Ma bella lo è. Ed è appunto perché lei è bella e tu no, e tu sei più vecchia di lei, che non voglio metterla in fronzoli, altrimenti in otto giorni trova marito, e tu mi resti nella schiena, il che dispiacerebbe a te forse piú che a me. Io non vi faccio complimenti né smancerie, ma bado al vostro interesse, come se fossi vostra madre, ed un giorno mi ringrazierete. Ed ora, leste in cucina! E tu bada a non montarti la testa con questa bellezza, che, se l'hai, non ci hai nessun merito, e non ti farà né più buona, né piú fortunata, né più amata d'un'altra. Vedi, io sono brutta ed anche vecchia, ed ho trovato il piú buon marito del mondo, e poche mogli sono piú amate di me.

Quel discorso, ad onta della sua asprezza, mi procurò una gioia dolcissima, mi empí l'anima di soavità, come se avessi acquistato un tesoro, un grande motivo di contento.

L'avviso di non montarmi la testa colla bellezza, ottenne precisamente il risultato opposto. Mi montai la testa, non pensai piú ad altro che al piacere d'esser bella. Che questo non mi rendesse né piú buona, né piú fortunata, né più amata, non me ne importava nulla. Era certo che mi rendeva ammirata, e questo mi lusingava.

Avevo finito per prendere certi atteggiamenti sprezzanti, quando andavo in istrada cosí mal vestita, come per dire quello che in realtà pensavo:

— Ecco, anche conciata a questo modo, sono bella. Io non ho bisogno di fronzoli per piacere.

Però, alla lunga, quell'ammirazione di passaggio, e di gente ignota, mi venne a noia, o almeno non mi commosse piú. Ero impaziente che la Titina trovasse marito, per potermi vestire come le altre ragazze della mia età. Ero vicina ai diciassette anni. Non potevo star tutta la vita coi piedi fuori dalle gonnelle e pettinata da collegiale perché mia sorella non era maritata. Tanto piú dacché la matrigna aveva detto che, vestita a modo, in otto giorni, avrei trovato marito. Ed io in quella casa brutta con quelle abitudini laboriose e casalinghe e quell'uggioso marmocchio sulle spalle, colla sua faccina vecchia da figlio di vecchi, mi struggevo di maritarmi.

Fin allora avevo sempre dormito beatamente le lunghe nottate, andando a letto appena mi mandavano in camera, sovente senza neppur accendere il lume, scambiando poche parole colla Titina nello svestirmi, già assonnata, addormentandomi appena toccate le lenzuola, ed ingrassando nel sonno.

Dopo quel famoso discorso della matrigna sulla bellezza, mi parve impossibile di potermi coricare al buio. Accendevo il lume, e mi scioglievo le trecce dinanzi allo specchietto di due decimetri quadrati, la sola concessione fatta alla vanità nel mobiglio della nostra camera, e che, prima d'allora, ci aveva servito pochissimo.

La Titina non sapeva darsi pace di quella novità. Mi domandava continuamente:

— Ma perché ti sciogli i capelli? Tanto, per coricarti, li devi intrecciare di nuovo...

Una volta mi disse, ma ridendo come d'una supposizione molto strana:

— È perché t'hanno detto che sei bella, che ti sei messa a spettinarti dinanzi allo specchio?

Mi feci tutta rossa, e risposi che era una sciocherella, che non mi curavo affatto di essere bella o brutta. Ma non avevo mai detto una bugia; il babbo ci aveva allevate nel culto della verità; ed il mio cuore onesto soffrí di quella prima parola falsa. Mi pareva d'avere una grave colpa sulla coscienza. Mi martellava in testa quella frase della Dottrina Cristiana, che afferma: «non si può dire una bugia nemmeno per salvare tutto il mondo».

Avevo studiato la Dottrina Cristiana per prepararmi alla prima comunione, e, sebbene non ci avessi attinto nessun fervore religioso, avevo accettato quei dogmi belli e fatti, persuasa che, dacché erano scritti, e tutti li credevano, — io non conoscevo nessuno che mostrasse di non crederli, — dovevano essere veri. E non ne avevo mai dubitato un istante; non avevo neppure pensato che si potesse dubitarne.

Ed ora mi trovavo d'aver detto una bugia; d'aver commesso quella colpa enorme, che non si dovrebbe commettere neppure per salvare tutto il mondo; e d'averla commessa senza quella grande attenuante, senza avere neppur una bricciola di mondo da salvare.

Mettevo certi sospironi rivoltandomi nel letto, che la Titina ne era sempre risvegliata in sussulto al momento d'addormentarsi. Finalmente vinse la sonnolenza pigra che la ammutoliva, e borbottò:

— Ma che cos'hai da gemere a quel modo?

Io risposi tragicamente, ansiosa di potermi togliere quel peso dalla coscienza:

— Ho, che ho detto una bugia...

Speravo che la Titina m'interrogasse, per farmi coraggio a dir tutto. Ma lei borbottò assonnata:

— Oh!... ti confesserai... E si voltò verso il muro, riprendendo una posizione comoda per dormire in pace.

Infatti era un'idea consolante, quella della confessione. Come mai non ci avevo pensato, che i peccati vengono cancellati dall'assoluzione? È vero che c'era il purgatorio; ma non mi riesciva di darmi pensiero di quella cosa remota.

Allora, riservandomi di confessare poi tutto insieme e di farmi assolvere in blocco, m'abbandonai alla gioia colpevole di pensare che ero bella, e che, fra quei tanti che me lo dicevano passando e tiravano via, ce ne sarebbe uno che non tirerebbe via; che tornerebbe indietro, mi seguirebbe da lontano fino a casa, poi entrerebbe nello studio del babbo a domandarmi in isposa.

La matrigna aveva detto che, se fossi stata vestita bene, questo sarebbe accaduto in otto giorni. Ed io calcolavo che, essendo vestita male, ci sarebbero voluti otto giorni di piú, o anche quindici, o anche un mese, per prevedere il peggio. Ma insomma, la cosa doveva accadere, perché tanto, che ero bella se ne accorgevano malgrado la mia vestitura infelice e ridicola. Lo sapevo, perché me lo sentivo dire ad ogni tratto.

Come sarebbe quel giovane?

Non potevo dargli una figura. Ma, mi sentivo commovere al pensarci, e gli volevo bene.

Certamente, cosí innominato, incorporeo, indeterminato persino nell'immaginazione, era il piú caro de' miei pensieri.

Pensavo che doveva abbracciarmi stretta, darmi una sensazione d'affetto caldo, che desideravo ardentemente, e di cui sentivo la mancanza, perché nessuno mi aveva mai abbracciata, neppure il babbo, dacché non ero piú piccina. E doveva susurrarmi: «Cara... Come sei bella!»

Non mi riesciva di pensare cose lunghe: le nozze, il viaggio, le abbigliature, la mia casa... No. Tutto questo mi balenava un momento, a sbalzi, e mi sfuggiva. La sola scena che vedevo chiara, e sulla quale tornavo con un'insistenza da idea fissa, senza stancarmene mai, era un giovane in piedi, che mi abbracciava stretta, susurrando:

— Cara... Come sei bella!

La mattina dopo, mentre ci vestivamo, ciascuna accanto al suo letto, la Titina mi disse:

— Che cos'avevi ieri sera, con quella storia della bugia? Sognavi?

Io risposi spronando il mio coraggio, colla convinzione di fare un'azione meritoria.

— No, non sognavo. Ti dissi che non m'importa d'esser bella o brutta; invece non è vero... M'importa molto, e sono contenta d'esser bella, ed è proprio per questo, come avevi sospettato tu, che mi spettino dinanzi allo specchio. Ecco!

Dissi quell'*ecco* con un gran sospirone, come per dire: «Ora l'espiazione è fatta». E mi sentii contenta di me, allegerita; soltanto non osavo guardare la Titina.

Lei rimase un po' stupita. Quel discorso, quella confessione, uscivano dal terra a terra delle nostre abitudini. Mi guardò un momento sconcertata, esitante, poi disse con una crollatina di spalle, ed un sorriso forzato:

— Ti metti a far delle scene, ora... Sei proprio matta! E non ne parlò piú.

Un giorno le cugine Bonelli, che avevano lasciato definitivamente il collegio e facevano la signorina ed erano molto eleganti, c'invitarono ad andare con loro a teatro, dove si dava il *Faust*. E la matrigna consentí che ci andassimo, *perché non costava nulla*.

Ci mettemmo un abitino da estate di lanetta a fondo bianco sparso di foglie verdi; ed, avezze com'eravamo ai vestiti scuri in quella stagione d'inverno, ci parve di essere molto eleganti con quel po' di chiaro intorno.

Quando entrammo nel palco, trovammo le cugine vestite di bianco, in gran gala, coi fiori in capo, e questo ci umiliò un pochino.

Cambiavamo posto ad ogni atto per avere tutte il piacere di stare un tratto al parapetto, ai due lati del palco, dove si vedeva e si era vedute meglio.

Era un palco signorile, con una striscia di specchio incastonata nello stucco bianco a fili d'oro degli stipiti. Quando toccò a me ed alla mia cugina Maria di metterci davanti, dopo la Giuseppina e la Titina, che c'erano state prima perché erano le maggiori, mi vidi riflessa nello specchio dietro le spalle della Maria che mi stava in faccia, e quasi non mi riconobbi, tanto era abbagliante quel volto bianco, colle guancie rosee e gli occhi lucenti, per l'eccitazione che mi davano quel divertimento e quella novità. Non potevo togliere gli occhi da quello specchio. Mi attirava piú dello spettacolo che non capivo molto, e mi sbalordiva, perché era la prima volta che udivo un'opera.

La Maria, che ci andava piú sovente, voleva spiegarmi il dramma. Mi diceva:

— Quel bel giovinotto lí, è quel vecchio del primo atto. E quell'altro dalle gambe magre, è il diavolo che l'ha fatto diventar giovane, purché gli vendesse l'anima in compenso. Ed ora vedrai com'è bello. Lui, Fausto, appena diventato giovane s'innamora di Margherita.

Allora lo spettacolo cominciò ad interessarmi moltissimo. Come faceva ad innamorarsi? Oh, con che ansietà aspettavo quel momento! Quando Faust si curvava amorosamente verso Margherita, e le gorgheggiava delle belle cose con una voce dolce dolce, mi sentivo struggere di tenerezza, come se le avesse gorgheggiate a me. Avrei voluto sapere cosa le diceva. Ma cantavano, e la musica portava via le parole. Di tutto il dramma non capii gran cosa. Ma mi restarono in mente le scene d'amore.

Nel tornare a casa, camminando leste leste perché si gelava, ed a Novara non v'erano carrozze da nolo per la strada, la Maria che mi dava il braccio, mi disse:

— Hai fatto una conquista, sai, bellezza?

Io domandai con una curiosità ed una gioia che non pensai neppure a nascondere:

— Ah, sí? Chi?

Bisogna notare che quell'espressione: «fare una conquista» non l'avevo mai udita; non entrava nel nostro vocabolario casalingo. Eppure la capii per intuizione, per civetteria istintiva, come se la conoscessi da un pezzo. La Maria rispose:

— Fa' il favore! Vuoi dire che non te ne sei accorta?

Ed io, a protestare col candore della mia ignoranza:

— No davvero, sai? Mi piaceva tanto guardarmi in quello specchio lungo, dietro le tue spalle, che non ho veduto nessuno.

La Maria si mise a ridere e disse:

— Vanerella! E lo confessi cosí apertamente? Non ti vergogni d'esser tanto vana?

Ci pensai un momento, poi ripresi franca franca, per paura di tornare a dire la bugia:

— No. Dite che sono una bellezza. Siete voi che lo dite; ed io mi guardo. Ma chi è che ho conquistato? Di'?

— Mazzucchetti. Sai il figlio di quei due vecchi possidenti che abitano laggiú verso Sant'Eufemia. È figlio unico e molto ricco. T'ha fissata tutta la sera col cannocchiale.

— Oh! Che peccato che non l'ho veduto! Com'è? bello?

— Sí... è... è... è un po' grasso. Ma ad osservarlo bene ha dei bei lineamenti. È un bel giovane. E poi fa una cura per dimagrare. I suoi parenti non risparmiano nulla per lui, sebbene siano avari. L'hanno condotto l'estate scorso a Monsummano in Toscana a fare i bagni a vapore, sai, per fargli sudar fuori il grasso. Poi l'hanno tirato su ad Oropa a non so quanti metri sul livello del mare, anche là per farlo smagrire col freddo, e colla cura idropatica...

Io ero un po' impressionata da quella grassezza, e dissi:

— Ma doveva essere una balena! Ed ora è dimagrato?

— Sí... sí... Un pochino... Ma via; grasso o magro è sempre un bellissimo partito. Sua madre ha portato dugentomila lire di dote. E suo padre ne avrà piú del doppio.

Ero sbalordita! Quella ragazza sapeva tante cose!... i paesi di bagni, le provincie dove si trovavano, gli effetti delle cure, i patrimoni delle famiglie... Aveva tutto questo sulla punta della lingua. Era possibile che qualcuno si curasse di me, mentre c'erano delle ragazze come lei?

Eravamo giunte alla porta della loro casa, e le cugine ci lasciarono. Noi si riprese la corsa col babbo, ed io non apersi piú bocca per tutta la strada.

Avevo il cuore gonfio d'un grandissimo affetto per la Maria. Sentivo il bisogno di affermarlo, ed appena fui sola in camera colla Titina, le dissi con enfasi:

— Com'era bella la Maria questa sera!

La Titina rispose con indifferenza rimboccando le coperte del suo letto:

— Era piú bella la Giuseppina.

Infatti la Giuseppina era piú bella. Ma non mi aveva mai parlato di nessuno che si fosse innamorato di me. Non s'era mai curata della mia bellezza, se non per deplorare che non figurasse bene colle mie vestiture. Del resto lei era piú bella di me, piú svelta, piú alta, bionda, fine, era una figura signorile, e non mi ammirava punto. Non potevo adorarla come sua sorella, che dimenticava se stessa per occuparsi di me, e *mi aveva trovato* un innamorato. Sinceramente io credevo di doverlo a lei, le serbavo una gratitudine vivissima, e desideravo di dichiararla. Risposi dunque a mia sorella:

— Io preferisco la Maria. La Maria è sempre stata la mia prediletta. La mia amica!

La Titina crollò il capo, sorrise da persona savia, e ripeté una parola che mi diceva spesso:

— Sei proprio matta! Da quando in qua la Maria è la tua amica? Ci vediamo cosí poco...

— No, ora che è fuori di collegio ci vediamo piú spesso.

— Meno di rado, devi dire. Ma ad ogni modo, non c'è stato il tempo per questa grande amicizia.

— L'amicizia non ha bisogno di molto tempo. È un sentimento d'attrazione...

La Titina rise ancora, e domandò con un po' d'ironia:
— Dove l'hai letto?
Crollai le spalle, e borbottai:
— Sciocca!
Non avevo ragioni migliori. Mia sorella quella sera era stizzita, povera buona! Forse s'era accorta che in teatro non la guardavano, e che io le facevo ombra, ed attiravo l'attenzione su di me... Aveva diciotto anni! Ma fors'anche era gelosa di quel mio subitaneo infatuarmi della Maria, mentre, fin allora, la mia sola amica e confidente era stata lei. Mi disse guardando il soffitto, con un accento tutto nuovo:
— Ho letto, non so dove, che gli amici si conoscono nella sventura. Eri sventurata questa sera?
Io gridai con un impeto spontaneo di gioia:
— No! Ero felice. Ero tanto felice! Gli amici si conoscono nella felicità!
Quelle parole offesero mia sorella; ed io sentii d'averla offesa. Aveva forse ragione lei. Tutta la sua vita passata con me, una vita di bontà, di docilità, di rassegnazione, valeva meno ai miei occhi che poche parole lusinghiere di una giovinetta elegante e chiacchierina. Però allora non pensai che la Titina avesse ragione, e mi coricai senza parlarle più.

Da quella sera vissi sempre colla mente lontanissima dalla mia casa e dalle mie occupazioni. E l'avere un pensiero nuovo, e di tutt'altra natura di quelli che avevo avuti fin allora, mi alleviava di molto l'uggia della casa ed il peso delle occupazioni.

Coricavo il bambino, lo rivestivo quando si svegliava, facevo la cucina; ma per pura abitudine meccanica, senza avvedermene, senza distogliere l'attenzione dalla cura dolce, che m'assorbiva tutta.

Mi premeva soltanto di vedere quel giovane, e, per conseguenza, mi premeva di rivedere la Maria, d'uscire di casa con lei perché, incontrandolo, me lo indicasse.

Ebbi degli ardimenti incredibili. Suggerii io stessa al babbo ed alla matrigna, che eravamo in debito d'una visita ai Bonelli per ringraziarli della serata all'opera.

La matrigna rispose che c'era tempo. Allora dissi che mi piaceva tanto la chiesa di Santa Eufemia, e che avrei desiderato d'andare alla messa laggiú la prossima domenica.

Anche questa m'andò male. La matrigna crollò il capo in atto di biasimo, e disse:

— Pare che ti studii apposta di crearti dei desideri strambi, come quelle ragazze viziate che sono solite a vedere i parenti appagare ogni loro capriccio. Tu sai, però, che non ti faccio nessun torto, non ti lascio mancar di nulla, ma di capricci non ne tollero. Abbiamo San Gaudenzio a due passi, e, in ogni caso, San Marco ed il Duomo poco distanti...

Avevo preveduto, non solo il no, ma anche quella serie di considerazioni, che accompagnavano sempre le risposte della matrigna, tanto affermative quanto negative. Ma la Maria mi aveva detto che i signori Mazzucchetti abitavano a Sant'Eufemia, e la speranza di vedere il mio innamorato era cosí intensa, che mi fece fare quel tentativo disperato.

In istrada guardavo con attenzione tutti gli uomini un po' grassi, e mi pareva d'aver sempre abborrito i magri. Però guardavo i grassi giovani e svelti.

Finalmente s'andò a far visita alle cugine. Io sorridevo fra me salendo le scale, al pensiero che, al primo vedermi, la Maria mi avrebbe parlato di lui. Le diedi una stretta di mano forte forte, arrossendo molto, e senza osare guardarla. Contavo sulla sua disinvoltura, perché trovasse il modo di prendermi a parte a discorrere senza che altri udisse.

Ma pareva che lei non ci pensasse.

La matrigna s'era fermata nello studio col signor Bonelli, e noi quattro, col marmocchio per quinto, ci eravamo aggruppate nel vano di una finestra nel salotto.

Si parlava delle mascherate degli ultimi giorni di carnovale, e d'una festicciola da ballo, dove la Giuseppina e la Maria erano state. La Maria descriveva la loro abbigliatura di quella sera; era bianca di crespo guarnita di rose pallide; e la vita, che non era scollata si abbottonava, non in mezzo al petto, come al solito, ma da un lato.

La Titina ascoltava con un'attenzione vivissima. Domandava delle spiegazioni. Voleva sapere da che lato si abbottonasse quella vita; a destra o a sinistra? Ed i bottoni, c'erano da un lato solo, bizzarramente, o anche dall'altro per fare riscontro?

Io fremevo; il tempo passava, e prevedevo che, a momenti, la matrigna ci avrebbe chiamate per andarcene.

Come mai la Maria non parlava di quanto mi stava a cuore? Doveva essere per eccesso di prudenza. Ma io ero cosí fissa in quell'idea, che preferivo ancora che ne parlasse presente mia sorella e la sua, piuttosto che non parlarne affatto.

Anzi desideravo che la Titina fosse, finalmente informata «di tutto». Un fatto cosí importante nella mia vita, non potevo lasciarglielo ignorare.

Ed, inoltre, bisognava pure che potessi discorrerne con qualcuno, in casa, a passeggio, in camera, di giorno, di notte, sempre... La Maria la vedevo troppo di rado.

Pensai di domandare chi c'era a quella festa, persuasa che la Maria profitterebbe dell'occasione per nominar lui, e dirne qualche cosa, piú o meno apertamente.

Rispose la Giuseppina, cominciando una lunga enumerazione di signore e signorine.

La lasciai finire, poi domandai ancora:

— E di uomini, chi c'era?

— Di uomini... aspetta. Il Tale, il Talaltro, i due fratelli X, il capitano Y... — e tirò via cosí per un pezzo. Tratto tratto la Maria suggeriva un nome. La Titina dava segni evidenti di noia, perché noi non conoscevamo neppur uno di quei signori, né di persona né di nome. Io invece palpitavo, mi sentivo impallidire, ed il cuore mi martellava forte. Finalmente la Giuseppina disse:

— C'era Mazzucchetti, co' suoi tre amici...

Guardai la Maria fissamente, in grande aspettativa. Ma lei era tutta intenta a rammentarsi quei nomi di ballerini, e ne suggerí due o tre altri, senza far caso di quello come se non lo avesse udito.

Al colmo della stizza, mutai di braccio il bimbo, che mi sonnecchiava in collo, e dissi che la finissero con quella litania di nomi; che, tanto, noi non si conoscevano; e che non c'era gusto, per me, a star a discorrere con quel marmocchio addosso; che non me ne potevo liberare un minuto; che ero stufa di lavarlo, vestirlo, dargli la pappa, e, peggio di tutto, portarlo in giro per le strade dove tutti mi guardavano e ridevano...

La Maria disse:

— Sei come la Margherita del Fausto —. E si mise a recitare, pian piano, in cadenza:

> Tanto che da me sola fui costretta
> A tirarmela su, la bamboletta.
> . . . .
>   La piccola culla
> Stavami nella notte accanto al letto...
> . . . .
> Darle ber, collocarmela vicina
> Dovea per acquetarla, o dal piumaccio
> Balzar quando vagiva...
> . . . .
> E poi di gran mattina,

Correre al lavatoio, indi al mercato,
E dal mercato al focolare...

La grande analogia fra quei versi e la mia situazione, vinse un momento la mia impazienza e mi forzò all'attenzione. La Titina poi, si divertí molto di quella *poesia* che pareva fatta per noi, e domandò:
— Ma sei tu che *inventi* questa poesia?
La Maria rise, e rispose con aria importante:
— Che! Ti pare ch'io sappia far versi? È il discorso che fa la Margherita con Fausto. Parla della sua sorellina.

— Come? Quella signorina vestita di bianco con quel grande strascico, sfaccendava cosí?
— Sono le prime donne che si vestono da signora. Ma la Margherita è una contadina...
E tornò a recitare:

... Serva non abbiamo; io cuoco,
Spazzo, cucio e lavoro di calzetta...

La Titina batteva le mani per l'allegria, rideva forte, e gridava:
— Oh Dio! Come noi! Ma senti, Denza! Fa come noi quella bella signora!
Io risposi guardando fissa la Maria:
— Sí, ma lei aveva Fausto per raccontargli le sue noie, e noi non l'abbiamo.
La Titina, scandolezzata, mi fece il solito rimprovero, molto severamente:

— Sei proprio matta! Guarda se son cose da dire!
Io, per altro, ero risoluta a far parlare la Maria ad ogni costo. Con una sfrontatezza che mi stupisce ancora a ripensarci, dissi:
— Cioè; io forse l'ho il Fausto; ma non lo conosco.
Mi toccò un altro rimprovero della Titina.

— Hai il Fausto? Ma ne hai piú di grullerie da dire? Stai zitta; fai il favore!

Ma ormai ero lanciata, e le risposi insolentemente ridendo:

— Stai zitta tu; tu non sai. Di', Maria, l'hai piú visto il mio Fausto grasso, che mi guardava in teatro.

La Maria stette un momento incerta, come se non si ricordasse; e quella fu per me una grande mortificazione; poi si mise a ridere, e disse:

— Ah, sí! È, vero. Non te lo dissi, Giuseppina, che la Denza ha fatto la conquista del Mazzucchettone la sera del Fausto.

Quel grande avvenimento, che m'aveva occupato tanto, che aveva mutato il mio umore, il mio modo d'agire, le mie viste per l'avvenire, che m'aveva quasi fatto dar volta al cervello, alla Maria era sembrato cosí inconcludente, che non ne aveva neppure parlato a sua sorella.

La Giuseppina, però, lo prese sul serio, come aveva fatto la Maria quella sera, e disse:

— Mia cara. Se è vero, bada che non è un partito da trascurare. Dacché ti preme di maritarti per uscir di casa, tieni da conto quello, che è ricco, ed è anche un buon giovane. Accompagna sempre la sua mamma alla messa...

Io mi lasciai sfuggire un'esclamazione di rammarico.

— Ecco! L'ho detto io che se s'andava a messa a Sant'Eufemia l'avrei veduto, finalmente!

— Ma come? Non l'hai ancora veduto?

— No. La Maria me ne parlò soltanto quando fummo uscite dal teatro...

La Giuseppina prese un atteggiamento pensoso, e borbottò:

— Come si fa a farglielo vedere? Come si fa?

Poi interruppe le sue riflessioni, ed osservò:

— Ma però, vestita come sei, non so neppure se ti convenga di attirare la sua attenzione. Se tu potessi farti fare un vestito un po' piú lungo... E un po' meno scarso di questo, che ti fa parere stretta in petto...

— Oh lascia stare il vestito; non importa. Di', pensa; come si può fare per vederlo quel giovane?

La Maria, che non rifletteva mai molto, ed amava andar per le spicce, propose di farselo presentare in casa dal suo maestro di piano, che dava lezione anche a lui, e di invitare noi pure in quella circostanza. Ma la Giuseppina le diede sulla voce:

— Questo è un romanzo! Quando mai il babbo ci ha permesso le presentazioni, i ricevimenti?...

Si pensò ancora molto; poi si concluse che le cugine verrebbero a prenderci la prossima domenica per andare alla passeggiata sull'«allea» all'ora della musica. E, siccome io crollavo il capo sfiduciata, prevedendo che la matrigna direbbe di no in causa del bimbo, la Maria accomodò la cosa cosí:

— E, se dirà di no pel bimbo, la Titina, che non lo tiene mai, si offrirà di stare a casa lei a custodirlo. Nevvero, Titina? Per una volta... Tu non hai nessuno da vedere, e puoi fare un sacrificio per tua sorella. Quando lei sarà maritata, starai meglio anche tu. Ti verrà a prendere ogni giorno, ti farà divertire...

Ne avemmo ancora per una mezz'ora da congetturare su quel disegno.

A casa poi ci furono degli altri giorni di orgasmo, di fantasticaggini sempre sullo stesso argomento. La Titina, dopo essersi scandolezzata all'idea del Fausto, aveva finito per prenderla a cuore anche lei; e fra noi, se ne parlava come d'un possibile, anzi probabile scioglimento della nostra situazione.

A sentirci, si sarebbe supposto che ci fossero delle vere trattative di matrimonio e che s'andasse a marito tutte e due. Libera io, doveva esser libera anche mia sorella dalla suggezione della matrigna, dall'uggia del bimbo, e da tutto. Mi diceva con slancio generoso, come se la cosa dipendesse appunto da lei:

— A me non importa, sai, che ti mariti prima tu, che sei la minore. Maritati pure. Pensa, se voglio farti perdere una fortuna...

Io parlavo piú volentieri di lui:

— Chissà se mi vedeva per la prima volta quella sera in teatro, o se mi aveva già osservata prima!

E fra me stessa, senza osare dirlo a mia sorella, pensavo che forse era innamorato di me.

Quanto a me, mi sentivo innamorata di lui, ignoto com'era. Amavo l'innamorato, ed il fatto d'avere un innamorato, che mi dava importanza a' miei propri occhi. Dunque potevo essere desiderata e sposata, come le signorine eleganti educate in collegio.

M'ero sentita tanto avvilita, dal mio vestire grottesco, e dalle nostre abitudini eccezionali, che quell'amore mi consolava, e m'insuperbiva come una riabilitazione.

Le cugine vennero alla metà della settimana, a fare il famoso invito per la passeggiata della domenica; e la matrigna non fece neppure l'obbiezione che avevamo preveduta; disse che al bimbo, per quelle poche ore avrebbe badato lei, «che ci divertissimo pure, che la gioventú ne ha bisogno, e lei lo capiva, e lo concedeva sempre quando si poteva fare senza una spesa per la famiglia...»

Noi accettammo il permesso e le riflessioni, facendo l'indifferente; ma, appena uscite le cugine, ci precipitammo in camera, per poter metter fuori le esclamazioni di gioia gongolante, che avevamo nel petto.

Ci abbracciammo ridendo, e sussurrando piano:

— Che piacere! Tutte due! Che piacere!

Io aggiunsi:

— Lo vedrai anche tu!

E mi pareva che fosse un gran privilegio per la Titina, e che fossi io a procurarglielo.

Ma, dopo esserci abbracciate e baciate, rimanemmo un po' confuse, perché quelle dimostrazioni non erano nelle nostre abitudini.

Noi ci baciavamo sulle due guancie, alla partenza ed al ritorno, soltanto quando accadeva che una sola partisse da Novara senza l'altra. Era accaduto appena due o tre volte a nostra ricordanza, per far delle visite ad una sorella del babbo, maritata a Borgomanero.

Rimanemmo mortificate di quella scena che avevamo fatta, e non osavamo guardarci. Ed io, per farla dimenticare, andai a spalancare l'armadio dei vestiti, e mi misi a guardarli con una grande attenzione, come se ci fosse molto da scegliere.

E si ridissero tutti i guai del mio abito, e si deplorò da capo la meschinità della mia abbigliatura. E pel resto della settimana continuammo a parlarne, a fare dei lavorucci in segreto, ad allargare, a stirare, ad insaldare, a turchinettare, tanto per aggiungere, colla goletta ed i polsini, una certa eleganza al mio vestito.

Io immaginai anche di disfare un ritreppio alla gonnella, che ne aveva tre, per allungarla. Ma quando, nell'uscire, traversai il cortile, pieno di sole, tutti si misero a ridere, perché le mie gambe trasparivano traverso la stoffa un po' leggerina dell'abito, che di sotto aveva le sottane corte.

Si dovette ritardare d'una mezz'ora, la passeggiata, per rifare la tessitura disfatta, senza contare la mortificazione che mi toccò, per aver fatto quella figura in faccia alle cugine ed al signor Bonelli.

Finalmente si partí, a due a due. Io e la Maria davanti, le due sorelle maggiori dietro noi; i due babbi dietro loro.

Le cugine erano in gala, con una cappina di panno, il manicotto, il goletto di pelliccia, il velo del cappello ben teso sul viso fino alla punta del naso, ed un buon odorino di violetta, che mi metteva in gran suggezione.

Io camminavo tutta impacciata, co' piedi fuori della gonnella, ed i polsi rossi pel freddo che si vedevano tra la manica ed il guanto, senza mantello di nessuna specie, senza manicotto, colle mani in mano. Per un pezzo non osai parlare, e pensavo che la Maria forse si vergognava di farsi vedere in giro con me, perché non mi diceva nulla, ed aveva un fare superbiosetto che non le avevo mai veduto.

Ma piú tacevo, e piú mi sentivo avvilita, e capivo che prendevo un'aria sempre piú grulla, col viso imbronciato e rosso, camminando muta accanto a quella bella signorina, che pareva la mia padrona. E quando fummo per entrare nel viale dell'«allea», mi feci coraggio, e domandai alla Maria una cosa che mi stava sul cuore da un pezzo, chinandole il capo accanto per far vedere che eravamo amiche.

— Perché domenica la Giuseppina ha detto che a quel ballo c'era «Mazzucchetti coi suoi tre amici»? Chi sono?

— Ah! sono De Rossi e Rigamonti. Stanno sempre insieme. Sono «I tre moschettieri».

Io non avevo la piú lontana idea di quello che potessero essere «I tre moschettieri», e, senza punto punto vergognarmene, dissi, lasciando vedere tutto il mio stupore:

— Oh! che cosa sono?

La Maria fece: «Scc!» Poi mi rispose, colle mani nel manicotto, e piano piano come fanno le persone per bene in istrada, senza guardarmi, perché avrebbe dovuto alzare il capo, lei che era piccolina:

— Non parlar forte! «I tre moschettieri» sono dei personaggi da romanzo. Quei giovani hanno pigliato quei tre nomi e fra amici si chiamano cosí.

Il mio buon senso naturale, accresciuto di tutto quello che la matrigna mi andava insinuando da circa due anni, si ribellò a quell'idea. Al colmo della stupefazione esclamai, dimenticando di parlar piano:

— Oh Dio! ma perché?

Quello scoppio di voce mi procurò un doppio rimprovero dalla Maria e da sua sorella, che anche lei, di dietro, fece: «Scc!» E la Maria rispose:

— Parla piano! Io non so, perché. Sai; hanno letto quel romanzo, e gli sono piaciuti quei personaggi. C'è anche il Crosio, quello che è ufficiale nelle guide, e che è qui in aspettativa, che fa d'Artagnan.

— Che cosa fa?
— D'Artagnan. Un altro moschettiere.
— Allora sono quattro?
— Sí. Ma si dice «I tre».

Diceva questo tranquilla tranquilla, tutta composta, movendo appena le labbra, senza il menomo stupore, come se dicesse la cosa piú naturale del mondo. Quella ragazza aveva il dono di saper tutto e di non meravigliarsi di nulla. Quanto a me, ero in tale stupefazione che rinunciai affatto a capire. Soltanto ero un po' inquieta per lui. Come si farebbe ad intenderci? Domandai timidamente:

— E lui, che nome ha preso?
— Portos, perché è grosso...

Avevo già spalancato gli occhi e la bocca, e stavo per prorompere in un'esclamazione, come mai Portos volesse dire grosso, quando, per fortuna, la Maria fece:

— Scc! Stai zitta. È qui, ma non guardare; fa' finta di nulla.

Non guardare! Se ero uscita per vederlo! Voltai il capo da tutte le parti, dicendo:

— Dov'è? dov'è?
— Ora te lo dico. Ma aspetta a guardare, non farti scorgere, sai. È da questa parte, accanto al rondò della musica, dietro le signore Savi, quelle dal cappello granato. Non guardare ancora. Ci saluterà, perché c'è anche il maestro di piano, allora lo vedrai.

Di dietro la Giuseppina susurrò piano:
— Denza, eccoli.

Se ne parlava sempre in plurale. Io ero rossa come una ciriegia, tutta confusa, e mi struggevo di vederlo. Domandai:

— Ci son tutti?

— Sí, stai attenta; ora ci salutano.

Intravvidi un movimento, udii come uno strisciar di piedi; la Maria chinò appena impercettibilmente il capo senza guardare nessuno e seria seria. Io guardai a tutt'occhi, vidi dei cappelli che si movevano, ed un gruppo di uomini fra i quali campeggiava in un lungo soprabito grigio, una specie di elefante.

Mi si strinse il cuore, e domandai sbigottita:

— Qual è?

— Il piú grasso; ma non farti scorgere.

Ero tutta turbata. Quella mole superava ogni mia immaginazione. Sí, lo avevano detto che era grasso, lo sapevo; ma avevo sempre cercato di attenuare la cosa, di conciliare la pinguedine colla gioventú, colla sveltezza... Invece era un coso tutto d'un pezzo, colle spalle poderose, alte, quadrate, il petto sporgente, il collo corto ed una grossa testa coi capelli neri neri, lisci lisci, e gli occhi neri, grossi, sporgenti. Mi parve un vecchio. Ma la Maria, appena fummo sedute tutte e quattro sopra una panchina, coi nostri babbi in piedi di dietro, dall'altra parte della musica, tirò fuori dal manicotto una bella pezzuolina che olezzava di violetta, e mettendola sulle labbra, come per ripararne il freddo, mi parlò da buona, come in casa:

— Non dir grullerie. Ti pare che sia vecchio? ha ventun anno e non è punto brutto. Guarda. Ora puoi guardarlo senza farti scorgere. Vedi? di profilo è bello. Ecco ora guarda in giro per cercarci. Gli hai fatto buona impressione...

Lo fissai lungamente. Infatti aveva un bel profilo da cammeo, e quando finalmente scoprí dov'eravamo e posò un minuto quegli occhioni tondi su di me, li trovai pieni di dolcezza.

La Titina, che lo guardava dal punto di vista del matrimonio, badava ad incoraggiarmi, e diceva, sporgendo il capo dinanzi alla Giuseppina per farmi sentire:

— Ma è bello, sai. Ha un'aria da gran signore.

Infatti, sia perché quel soprabito lungo e chiaro lo faceva spiccare in mezzo agli altri, sia perché dominava di tutto il capo i suoi amici, aveva l'aria nobile, sembrava superiore a loro. Tutti gli parlavano, e lui rispondeva con gran calma, e senza nessun gesto. Aveva i movimenti molto lenti.

Potei osservarlo finché volli, perché lui mi guardò soltanto quella prima volta un istante, e poi un'altra volta nel passarci davanti, mentre io avevo gli occhi fissi su lui, e una terza volta di sfuggita al ritorno, incontrandoci sotto i portici.

Ma, in sostanza, mi parve un po' freddo, e mi sentii umiliata e malcontenta.

La Maria mi disse che questa freddezza apparente, era una prova di tatto da parte sua. Che non voleva compromettermi guardandomi troppo. Che del resto lei avrebbe saputo dal maestro di piano, se gli ero piaciuta, e cosa aveva detto di me.

Il domani cominciò a piovere, e piovve per una serie di giorni. Sedute accanto alla finestra della cucina, lavorando, io e mia sorella parlavamo continuamente di lui, del suo amore, del matrimonio; si discuteva se andrei a vivere con suo padre e sua madre, o se si metterebbe una casetta per noi soli.

Io propendevo per la casetta.

Ma il pensiero che m'avesse guardata poco, mi perseguitava. Dopo quanto m'aveva detto la Maria la sera del teatro, me l'ero figurato innamorato come Fausto; ed a forza di pensarci, ero riuscita ad immaginarmi che avesse pieno il cuore e la mente di me, che si struggesse di rivedermi appunto come mi struggevo io di veder lui, e che al vedermi, tutto il suo volto dovesse esprimere un'estasi di gioia, la soddisfazione di veder compiersi un desiderio lungamente vagheggiato.

Invece era rimasto impassibile. Per quanto mi dicessero, della prudenza, del non volermi compromettere, io avevo sentito che era impassibile. Al secondo incontro, sí, il suo sguardo s'era fermato su me con compiacenza, come una carezza. E quello era il mio conforto. Perché l'idea che tutto quell'amore fosse stato un sogno mi affliggeva profondamente. Mi affliggeva al punto che dimenticavo la sua grossezza, e la prima impressione spiacevole che ne avevo ricevuta.

Piú ci pensavo, nella nostra solitudine uggiosa, nella monotonia dei giorni piovosi, e piú mi sentivo intenerire.

Una volta, mentre sballottavo il bimbo, che frignava perché metteva i denti, tutta assorta in quel mio pensiero, figurandomi d'essere non so dove, sola con lui, e già sua moglie, mi sorpresi a susurrare:

— Povera gioia, come sei grasso!

La matrigna, che cucinava, si voltò e disse.

— Non è piú grasso affatto, poverino. Non vedi che la dentizione lo strugge?

Credeva che parlassi al suo bambino. Ed infatti avevo parlato a lui per potermi sfogare. Ma parlavo dell'altro. E provavo una gran dolcezza a compiangerlo di quella sua pinguedine, ad aver questa cosa da perdonargli, per dargli una prova d'amore.

Diedi un bacio sonoro, rabbioso sulla guancia del marmocchio, che si mise a strillare, e m'illusi di baciar lui. Lo strinsi e lo carezzai, con una passione pazza, tanto che la matrigna mi sgridò che glielo soffocavo, e me lo portò via.

Io corsi in camera, mi buttai col capo sul guanciale del mio letto, e piansi dirottamente. Quel giorno avevo finito d'innamorarmi. D'allora la sua pinguedine, il collo corto, i capelli lustri e lisci, tutto mi parve bello, e sentivo uno struggimento di tenerezza nel rivederlo col pensiero, e lo rivedevo sempre.

Una sera, il bimbo era già a letto, il babbo e la matrigna prendevano una tazza di camomilla accanto al fuoco nella loro camera, come facevano ogni sera, prima di coricarsi, e noi eravamo entrate dietro il paravento a dar la buona notte alla zia, quando s'udí il campanello, poi il passo del babbo che s'allontanava ad aprire, poi delle vocine gaie e graziose:

— Oh! ma anche lei, dottore, un uomo, andare a dormire a quest'ora? Che vergogna!

Era la voce della Maria. Erano le cugine. L'uggia della pioggia incessante le aveva spinte a venire una sera da noi. Io mi agitai molto, mi feci tutta rossa. Certo il maestro di piano aveva portato una risposta, ed erano venute per dirmela.

Corsi in camera del babbo cogli occhi lucenti, ed ammiccai alle cugine nel salutarle, con aria d'intelligenza come per dire:

«Ho capito; so perché siete venute; ora parleremo».

E loro ammiccarono graziosamente a me sorridendo, e mi diedero delle strette di mano energiche, scuotendomi il braccio fino alla spalla.

Aspettai che il discorso fosse un po' avviato fra i vecchi, poi dissi, per suggerire un pretesto di tirarci un po' da parte:

— Avete veduto quel fondo di gonnella che stiamo ricamando?

— Ma sí! L'abbiamo veduto molte volte, non ti ricordi?

La Giuseppina disse questo, stupita, come se non avesse capito il perché di quella proposta.

Aspettai ancora un tratto, poi, vedendo che non c'era mezzo di parlar piano, dissi ancora:

— Volete vedere il bimbo addormentato?

Le tre ragazze ripeterono come una triplice eco:

— Il bimbo addormentato!!!

E tutte e tre mi guardarono sbalordite. Era cosí fuori delle nostre abitudini il dimostrare la menoma ammirazione per quel marmocchio, che fra noi chiamavamo sempre *il vecchino*, che non sapevano cosa pensare. Ma io insistetti:

— Tu, Maria che ami tanto i bambini...

Mi alzai, ed andai risolutamente alla culla: le cugine e la Titina mi seguirono. Quando fummo là, io esclamai un momento che era bellino, e che aveva i braccini colle fossette, tanto per far sentire alla matrigna, poi domandai piano alla Maria;

— E cosí? Cos'ha detto?

— Chi?

Questa volta m'impazientai e borbottai stizzita:

— Oh Dio! non ti ricordi mai! Ma cosa pensi? Lui, Fausto, cos'ha detto poi al maestro?

— Ah! sí! Non gli ho ancora domandato.

Mi venne una stizza che l'avrei picchiata. Credo d'averla picchiata davvero, perché urtai da una parte e dall'altra per aprirmi il passo, e tornai accanto al fuoco, senza dire piú nulla. Loro mi vennero dietro e si misero a sedere un po' confuse. Poi nel salutarmi la Maria mi susurrò tenendomi la mano:

— Via. Alla prima lezione glielo dico di certo. Non sapevo se ti facesse piacere davvero.

Ma avevo perduto la fede in quella promessa; ero disingannata; mi sentivo senza appoggio per raggiungere lo scopo vagheggiato, me lo vedevo sfuggire, e lo desideravo con tutto l'ardore con cui si desidera un bene che sfugge.

Intanto però quelle sofferenze non mi erano uggiose, come quelle che avevo tanto deplorate, della matrigna, della casa, del bimbo. Mi erano care, amavo soffrire cosí. Quando la Titina, vedendomi impensierita e triste, e sovente col pianto alla gola, mi diceva: — Prega la Madonna che te lo faccia dimenticare, — io mi stizzivo, mi sgomentavo all'idea di dimenticare quell'amore, di non trovarlo piú nella mia mente, nel mio cuore, di perdere quella cosa dolce, che mi riempiva tutta, di rimanere con quel gran vuoto e quel gran silenzio. E gridavo: — No, no, per carità! Cosa vuoi ch'io faccia, quando l'avrò dimenticato?

Una notte, la notte d'un sabato, il bimbo stette assai male per la solita storia dei denti. Si dovette alzarci tutti, cocere decotti e pappine, e stare in piedi tutta la notte.

La mattina era ancora malato, aveva la febbre, e voleva stare in braccio alla sua mamma.

La zia non usciva da tutto l'inverno, perché aveva un reuma in una gamba, e non poteva reggersi in piedi.

Il babbo doveva correre dal medico, dal farmacista, ed in chiesa di fretta a far accendere la lampada alla madonna perché il bimbo guarisse. Non c'era chi potesse accompagnar noi alla messa. E, per quanto ne dispiacesse alla matrigna ed al babbo, che disapprovavano molto — «l'abitudine di affidare le ragazze ad una serva, press'a poco della loro età, e meno educata di loro» —, per quella volta dovettero rassegnarsi, e mandarci a messa colla serva.

Non avevano finito di dirlo, che io avevo già il mio piano bell'e fatto. Confesso anzi, che, già durante la notte, fra gli stridi del bimbo e l'inquietudine di tutti, perseguitata da quell'idea unica che mi dominava, dicevo fra me:

«Domani, non potranno accompagnarci alla messa di certo. Se ci mandassero colla serva...»

E, se non mi rallegravo che quel povero *vecchino* stesse male, mi consolavo però che dacché la cosa doveva accadere, fosse accaduta appunto nella notte d'un sabato.

In casa non dissi nulla per evitare le discussioni, ma appena fummo in istrada, dissi alla Titina:

— Andiamo a messa a Sant'Eufemia!

Lei non fece opposizioni. Ci mettemmo d'accordo per dire alla serva che non ne parlasse con nessuno e via di corsa, perché era assai lontana quella chiesa.

Entrammo che la messa era cominciata. Il prete leggeva l'*epistola*. Nell'aprir la porta, urtai la figura colossale del mio Fausto, che stava in piedi, proprio accanto alla porta, come fanno i giovinotti, forse per dimostrare che sono là contro la loro volontà ed impazienti d'andarsene.

Ci guardò entrare, ci tenne dietro mentre cercammo un posto, e quando l'ebbi trovato poco discosto da lui per poterlo vedere, si voltò verso di noi, trascurando l'altare. Io feci altrettanto. Lo guardai intensamente, pazzamente tutto il tempo della messa.

Gli narrai, coll'ardore degli occhi fissi ne' suoi, il mio lungo amore, le mie sofferenze, la gioia di quell'ora, le speranze dolci dell'avvenire, ed i miei dolori, e la mia fede in lui. Sentivo di dirgli tutto questo, ed avevo la certezza d'esser compresa.

Ah, fu un bel giorno, e ne riportai un fondo di conforto e di gioia per tutto il resto della malattia del bimbo, della stagione piovosa. Parlavo delle piú volgari inezie di casa, colla voce commossa e giubilante; volgevo un sorriso beato al bimbo che frignava, alle fascie da sciorinare, alle pentole della cucina, e portavo la testa alta gloriosamente.

Finalmente ero certa d'essere amata, e lui sapeva d'esser corrisposto. C'eravamo messi d'accordo fra noi. Non era piú che una questione di tempo.

Dopo quella messa, ogni volta che incontravo Mazzucchetti per la strada, oltre ad arrossire e sentirmi battere il cuore fin nelle spalle, sorridevo un pochino di soppiatto, e lo guardavo fisso negli occhi con aria d'intelligenza. Dacché ci amavamo, avevo diritto di farlo. E lui mi guardava con insistenza, e se era davanti, si voltava indietro tratto tratto. Ed io contavo quante volte s'era voltato. Se era di sera, e se c'era soltanto il babbo con noi, mi voltavo io a guardar lui, quando dopo esserci scontrati, s'andava dai lati opposti. E qualche volta lo sorprendevo fermo e voltato a guardar dietro a me. Un giorno che ci scontrammo cosí, ed io avevo il bimbo in collo, e la matrigna era dietro, mi fermai a dirle che il bimbo aveva le manine calde e che forse stava male, per poter stare voltata un tratto a guardare il mio innamorato.

Il bimbo era fresco e stava benissimo, e mi toccò una lunga serie di riflessioni sulla mia sbadataggine, di cui non capii una parola.

Questi erano gli episodi del mio amore, sui quali trovavamo argomento di parlar molto con mia sorella e colle cugine, e che io ripensavo giorno e notte senza stancarmene mai, e che bastavano ad alimentare la mia speranza, anzi a rafforzar la mia fede.

Tratto tratto poi accadeva qualche fatto piú importante che ci occupava lungamente.

Il primo fu che la Maria trovò modo, in un discorso gaio, di domandare al maestro di piano se mi avesse veduta quel giorno sull'«allea» con lei. Il maestro mi aveva veduta, e soggiunse che ero «una bella ragazzona». Allora la Maria aveva continuato il discorso:

— Mi pare che ci fosse il Mazzucchettone con lei, nevvero maestro?

— Sí, e De Rossi, e Rigamonti, e Crosio; la solita compagnia dei moschettieri.

— E cos'hanno detto della mia cugina?

— Gli altri non so, io ero dietro col Mazzucchettone, Portos...

— E lui non ha detto nulla? Mi pareva che la guardasse...

— Sí. Ha detto che è bella. È il genere di ragazze che piace a lui.

— Ah sí? Perché?

— Perché lui è un po' selvatico, non ama i complimenti, ed ha suggezione delle signorine eleganti.

Da questo concludemmo che, fin dal primo giorno, gli ero andata a genio anche dal punto di vista del matrimonio; perché, se fosse stato soltanto per guardarmi, non gli avrebbe potuto importar nulla che fossi elegante o no.

Poi vi furono questi altri avvenimenti:

Un giorno, che ero in casa Bonelli sul balcone, Mazzucchetti si voltò tre volte a guardare in su nel traversare la contrada, e si fermò parecchi minuti prima di voltare la cantonata. La Titina pretendeva, anzi, che avesse fatto col capo un cenno di saluto; ma le cugine non lo ammisero perché «le signore si salutano togliendosi il cappello, e non con un cenno».

Una sera, uscendo di casa sul tardi, col babbo, sul finir dell'estate, lo trovammo fermo dinanzi alla nostra porta e solo: questo fu uno dei fatti piú importanti, e mi tenne occupata e felice tutto un mese che passai a Borgomanero dalla sorella del babbo, perché la matrigna trovava che da qualche tempo, non avevo piú la mia aria beata e minchiona, e, per conseguenza, avevo bisogno di aria ossigenata.

Laggiú, non avendo né la Titina né le solite cugine, con cui parlare del mio amore, finii per confidarlo alla figlia della zia; tanto piú che lei era fidanzata col figlio del farmacista del paese, il quale stava a fare la pratica in una farmacia di Novara, e le scriveva una volta la settimana.

Lei, che non faceva misteri all'intero paese del suo amore, narrò subito alla sua mamma il mio, e la sera a cena, la zia disse a suo marito:

— Sai, Remigio, che la nostra Denza ci ha data una buona nuova? Che è fidanzata con un giovane molto ricco, e di buona famiglia a Novara?

Mi sentii tutta calda e sudata. La cosa era andata assai piú avanti che non credessi. Tremavo che si congratulassero col babbo quando verrebbe a prendermi, e sebbene, lí sul momento, accettassi i rallegramenti de' miei zii, e provassi una gioia tutta nuova a fare la sposa, passai poi una notte molto agitata per la paura di veder nascere un guaio, se ne parlavano colla mia famiglia.

La mattina pregai mia cugina di avvertire la sua mamma, che non dicesse ancora nulla col babbo, perché né lui né la matrigna non lo sapevano. Lei esclamò:

— Ma come? Sei fidanzata, ed i tuoi parenti non lo sanno?

Bisognava pure che mi scusassi in qualche modo, e nella notte avevo preparata la risposta:

— Non sono proprio fidanzata, sai. Non l'ho detto questo. Che lo sposerò, è quasi sicuro, perché ci vogliamo bene; ma la cosa l'hanno combinata le mie cugine Bonelli.

— Loro lo conoscono molto?

— Prendono lezione dallo stesso maestro.

— E lui ha detto alle tue cugine che ti vuol sposare?

— L'ha fatto dire dal maestro...

C'era un fascio di bugie in quel discorso, ma erano sottintese, e la mia coscienza se ne accomodava. E poi si trattava di salvare non tutto il mondo, ma me ed il mio amore, che mi premeva ben piú di tutto il mondo. E mi proponevo di confessarmi.

Però quella promessa formale e dichiarata tra mia cugina ed il suo fidanzato, le loro lettere periodiche, che finivano tutte «credi all'inalterabile amore del tuo Antonio» mi avevano date delle nuove aspirazioni.

Tornai a Novara col desiderio intenso di una lettera o di una promessa.

La Titina diceva che, se Mazzucchetti m'avesse domandata e sposata addirittura, sarebbe stato meglio; ma io avrei voluto prima le lettere. Ne componevo una nella mia mente, la leggevo. Non era tranquillamente affettuosa come quelle d'Antonio a mia cugina. Era ardente come dev'essere una prima dichiarazione. Alle volte, nel mio pensiero, ci mettevo delle espressioni cosí appassionate, che mi si empivano gli occhi di lagrime.

Finalmente lo conobbi e gli parlai. Ecco la storia di quel giorno memorabile. Era la prima domenica d'ottobre, la festa del Rosario. Nel sobborgo di San Martino, dopo i vespri, si faceva la processione, portando in giro la Madonna del Rosario, tutta vestita d'oro colla corona di perle.

Le cugine Bonelli avevano un villino appunto nel sobborgo di San Martino; ma dal villino non si poteva vedere la processione. Però in fondo al sobborgo possedevano una casa colonica, con un ballatoio sulla strada e là c'invitarono quel pomeriggio d'autunno, perché la processione passava appunto sotto la casa.

Per noi si trattava di discorrere liberamente del mio amore, perché in un sobborgo non c'era probabilità di incontrare Mazzucchetti né altri. I giovinotti signori non uscivano mai dalle porte della città. Quel giorno il babbo dovette accompagnare la matrigna da un suo vecchio parente, dal quale sperava, pare, una eredità, e ci permise di andare colle cugine e col signor Bonelli.

Eravamo noi quattro ragazze sul ballatoio, guardando la folla dei contadini vestiti da festa, e la croce che precedeva la processione in fondo alla contrada, quando dal lato opposto, quasi dalla campagna, vedemmo spuntare il gruppo del Mazzucchetti coi tre amici ed il maestro di piano. Noi eravamo in fondo al sobborgo, e furono subito sotto al balcone, e stavano per passare senza averci vedute. Ma la Maria gridò: — Maestro! Maestro! — E quando il maestro alzò il capo, tornò a gridare: «Venga su!»

Che momento fu quello! non ero ancora rinvenuta della scossa d'averlo veduto in quel luogo inaspettato, d'aver temuto che passasse senza guardarmi, e lo vedevo là, fermo sotto il ballatoio, cogli occhioni rivolti a me, in compagnia di uno che parlava colla mia cugina. Era quasi come se ci parlassimo. Tanto, che lui e tutti i suoi amici si tolsero il cappello, e noi chinammo il capo.

Ma non basta. Le cugine, tanto composte in città, erano tutte eccitate di trovare della gente civile in campagna: la Maria poi non cessava di dire al maestro:

— Ma venga su, venga su. Vede? La processione è quasi qui.

Il maestro accennò la brigata, e disse stringendosi nelle spalle:

— Sono in compagnia...
Allora, quella ragazza stupefacente gridò:
— Vengano su tutti —. Poi rivolgendosi a quei signori, che conosceva appena per averli veduti a qualche festa da ballo, disse:
— Favoriscano. «À la guerre comme à la guerre!»
Parlava anche francese. I quattro cappelli s'alzarono un'altra volta enormemente sulle quattro teste, poi tutti scomparvero nella porticina sotto noi, ed un minuto dopo il ballatoio di legno tremava sotto il passo del Mazzucchettone, che, da giovane ben educato, mi passò accanto senza fermarsi, ed andò a salutare le padroncine di casa.

La Giuseppina, che era la piú a modo, anche in campagna non perdette la testa e disse dopo aver dispensato delle forti strette di mano:
— Ma dov'è il babbo? Maestro, entri un po' a cercare il babbo.

La Maria, intanto, s'era voltata verso di noi, e disse accennando quei signori:
— Il signor De Rossi, il signor Rigamonti, il signor Crosio, il signor Mazzucchetti.

Poi accennò la Titina e me con un bel gestino garbato, e riprese:
— Le signorine Dellara.

Io non avevo mai visto fare delle presentazioni, non sapevo neppure che si facessero. La Maria era destinata a darmi tutti gli stupori. Tanto piú, che la credetti un'idea sua tutta nuova, di farci conoscere a quella maniera perché potessimo rompere la suggezione e parlarci. E mi parve una gran bella invenzione, ed ammirai nella mia piccola cugina, la trovata di quell'inventore sconosciuto e remoto.

Quei signori s'inchinarono tutti; intanto venne il signor Bonelli, si strinsero tutte le mani, parlarono forte, poi la Maria gridò che stessero zitti, che giungeva la processione. Infatti era già lí sotto; allora tutti ci affacciammo, e Mazzucchetti si trovò proprio vicino a me, che avevo il cuore che mi rompeva il petto a forza di battere, e mi sentivo formalmente fidanzata, orgogliosa e felice. Dopo un tratto, nel forte d'un «tantum ergo», stonato dai contadini in processione che copriva le nostre voci, mi disse misteriosamente: — Si diverte? — e mi guardò negli occhi come per dire: «Risponda la verità. È questione di vita».

Io dissi un *sí*! squillante, alto, giulivo, come se m'avessero domandato: «Siete contenta di prendere per vostro legittimo consorte?...»

Ci fu una pausa lunga e laboriosa, durante la quale sentivo che lui preparava un discorso.

Poi, piú misteriosamente ancora di prima, mi susurrò:

— La vidi una mattina alla messa in Sant'Eufemia, mi pare; questa primavera...

Io corressi:

— Era appena marzo.

— Come si ricorda!

— Sí. Ho buona memoria.

Questo lo dissi con un'occhiata rapida, che voleva aggiungere: «In circostanze come quelle». E lui capí, perché mi guardò intensamente, proprio con un'occhiata d'amore, e riprese il discorso:

— Non c'è piú venuta però a Sant'Eufemia.

— No. Stiamo troppo lontano... La mia matrigna non vuole.

— Ma lei vorrebbe, però?

Voleva dire, e gli occhi e la voce lo dissero: «Vorrebbe rivedermi e ripetere quelle occhiate?»

Ed io risposi a quella domanda sottintesa, sinceramente, seria e commossa come se avessi realmente confessato il mio amore:

— Io, sí, vorrei.

Lui susurrò:

— Grazie! — ed allora tutto fu detto. Ci eravamo compresi, ed eravamo commossi tutti e due. Passava il baldacchino col Sacramento. I contadini in istrada s'inginocchiarono tutti. La Titina piombò in ginocchio. Io stavo per fare lo stesso; ma diedi un'occhiata alle cugine, e vidi che avevano curvato prodigiosamente il capo, ma stavano in piedi, e tutti i signori sul ballatoio stavano in piedi, e feci come loro. Fra un'ondata d'odore e di fumo d'incenso, che saliva dai turiboli agitati intorno al baldacchino, udii la voce del Mazzucchetti, che mi susurrava quasi all'orecchio, e con accento amorevolissimo:

— Denza, mi permette di scriverle?

Denza! M'aveva chiamata col mio nome! Fu uno struggimento di piacere e d'amore cosí estremo, che pareva un dolore, e mi faceva piangere. La lettera tanto sognata! Ma come facevo a riceverla? Era impossibile, finché non eravamo formalmente promessi, col consenso del babbo. Risposi con un gran rincrescimento:

— Io non posso ricever lettere... Le vedrebbero prima il babbo, e la matrigna...

Questo lo dissi per avvertirlo che quando avesse parlato con loro avrebbe potuto scrivermi. Lui non insistette; mi domandò invece quando potrebbe vedermi, dove andavo a messa. Io non esitai a dirgli che andavo in Duomo, e che il nostro banco era a destra della navata principale, dinanzi alla cappella di Sant'Agapito... E lui disse:

— Domenica verrò in Duomo.

Poi tacque un lungo tratto; però sentivo che aveva ancora qualche cosa da dire, perché anche a me mancava qualche cosa, sebbene l'avessimo detto in altri termini. Ma la processione era finita; il signor Bonelli aveva fatto portare dal suo villino delle bottiglie di vino bianco; tutta la compagnia era agglomerata all'uscita del ballatoio, e noi due eravamo rimasti fuori soli. Un contadino, che ci venne dietro portando il vassoio coi bicchieri, toccò Mazzucchetti sulla spalla, e ci richiamò sulla terra, da quel bel cielo d'amore dove eravamo.

Prendemmo i bicchieri, e rimanemmo molto goffi con un bicchiere in mano, non osando far l'atto, troppo materiale in quel momento di bere e, tuttavia, desiderando di liberarci da quell'impiccio. Lui fu il piú coraggioso; stette ingrullito un minuto, poi bevve tutto d'un fiato, ed entrò nella stanza a deporre il bicchiere.

Io, rimasta sola, mi sentii un po' mortificata d'essermi isolata in quel colloquio di amore in faccia a tutti, e m'accostai alle cugine che chiacchieravano coi giovinotti, mentre la Titina, un passo piú indietro, stava a sentire a bocca aperta.

Facevano un discorso strambo, che non si capiva, fra De Rossi e la Maria. Lei diceva:

— Anche il ghiaccio si fonde ai grandi calori del sole.

E lui rispondeva:

— Ma non i ghiacciai...

La Maria disse con una gran furberia:

— Badi che i ghiacciai ingannano. L'Etna ha il fuoco di dentro...

E la Giuseppina con quel suo fare un po' sprezzantuccio, da bellezza elegante, soggiunse:

— E questa sera mi pare che l'Etna sia in eruzione.

E tutti scoppiarono in una risata, e si dispersero.

Io non capivo cosa ci fosse da ridere, e come potessero occuparsi tanto di quella montagna che nessuno aveva veduta.

La Maria nel voltarsi s'accorse ch'ero lí, e prendendomi il braccio, mi disse:

— Hai sentito? Dicono che è un ghiacciaio.

— Oh Dio! ma cosa v'importa? — Credevo che dicesse dell'Etna. Lei rispose:

— A me nulla. Ma parlavo per te. Mi pareva tutt'altro che un ghiacciaio questa sera. S'è dichiarato?

Al solito, cascavo dalle nuvole con quella ragazza. Le dissi:

— Ma come? Parlavate di lui? È lui che chiamate un ghiacciaio col fuoco dentro? Avete un modo di parlare!

— No; è De Rossi che lo diceva freddo come il ghiaccio, incapace d'innamorarsi... Ma non importa. Cosa t'ha detto?

Nel ripetere m'accorsi che aveva detto poco in realtà. Ma aveva fatto capir molto. E la Maria fu del mio parere. Quel «Grazie» e quel «Domenica verrò in Duomo» erano una dichiarazione ed una promessa. Cosa pensava quel signore col suo ghiacciaio?

Uscimmo tutti insieme, avviandoci verso la città.

Crosio, il bell'ufficiale in permesso, camminava accanto alla Giuseppina, e parlavano poco e piano, e parevano un re ed una regina.

La Maria dava il braccio alla Titina, e gli altri due giovinotti le sfarfallavano intorno, e fra tutti facevano un chiacchierío e delle risatine allegrissime.

Il babbo delle cugine, che accompagnava sempre devotamente le sue figlie, le compiaceva in tutto, le adorava, e parlava pochissimo, e soltanto d'affari o di politica, veniva dietro col maestro di piano, e nel passargli accanto, udii che discorreva del Canale Cavour.

Io mi trovai davanti a tutti, e Mazzucchetti si trovò accanto a me. La strada maestra era assai larga. Tutta la compagnia teneva la destra; noi prendemmo la sinistra.

Appena fummo immersi in quell'oscurità, lui si sentí il coraggio di dire quella parola che ci mancava ancora:

— Sa che le voglio tanto bene?

— Sí...

Allora sentii moversi qualche cosa lungo le pieghe del mio vestito, poi la mano di lui prese la mia, che appunto mi pendeva al fianco, e la strinse. Ed io provai in quel momento un tale fremito di tenerezza in tutta la persona, una tale puntura di gioia acuta al cuore, che dev'essere la piú grande delle dolcezze umane. Non ne conobbi mai di maggiori e neppure d'uguali. Ed avrei venduta l'anima mia, come Fausto, perché avesse osato abbracciarmi. E si stette zitti un lungo tratto, commossi tutti e due. Lui fu il primo a rinfrancarsi, e deplorò che non si potesse scriverci, perché mi avrebbe confidato tutti i suoi segreti. Tanto per rispondere, domandai:
— Ha dei segreti lei?

Mi disse di sí, e raccomandandomi la massima prudenza, mi confidò che lui e quei tre amici, facevano «I moschettieri». Avevano affittata una camera, appunto vicino a casa nostra, già da vari anni. E la sera andavano là, si mettevano un fez, e fumavano nella pipa, e si chiamavano Athos, Portos, Aramis e d'Artagnan. Lui era Portos.

Anzi, una sera, si ricordava d'avermi veduta uscir di casa, con mia sorella, ed il babbo, mentre lui stava appunto aspettando i suoi compagni pel solito ritrovo...

Quella sera che noi s'era almanaccato tanto perché era fermo accanto alla nostra porta! Questo fu un momento d'amarezza, in quella grande gioia. Non era là per me.

Mi parlava sottovoce, con una serietà un po' triste come un uomo impegnato in una cospirazione, e che accetta quella fatalità di cui conosce i pericoli.

Io avevo udita quella storia, e sapevo che era nota a tutti. Ma, confidata da lui, acquistava tutt'altra importanza.

I particolari della stanza presa in affitto, delle pipe, dei fez, gli altri non me li avevano detti. Non li conoscevano. Nessuno li sapeva. Li narrava a me sola. Mi faceva depositaria d'un segreto. Ed io mi proponevo di custodirlo gelosamente nel mio cuore, ed ero superba di quella prova di fiducia che mi dava.

Soltanto, avrei voluto che le cugine Bonelli sapessero che m'aveva fatto delle confidenze; ed anche quell'altro grullo che lo chiamava un ghiacciaio...

Poi mi confidò che lui era un uomo fatale. E lo provò con un fatto.

Un giorno, che era a caccia coi soliti amici, avevano incontrato una vecchia; — e la descrisse, come le vecchie dei romanzi, curva, sdentata, e colla voce chioccia. — L'avevano pregata di dire l'avvenire a tutti, che le avrebbero dato ciascuno una lira.

Lui, naturalmente era uno spirito forte, ribelle a qualsiasi superstizione, e persino un po' ateo... un'ombra. Lo nascondeva per non affliggere la sua mamma, ma nel suo cuore rideva della gente credula,

Eppure, nelle parole di quella vecchia aveva riconosciuto un'impronta di verità solenne, e ne era stato turbato, lui Portos, il forte. Tanto piú che c'era temporale e lampeggiava.

La vecchia gli aveva predetto, che lui farebbe la disgrazia della donna di cui s'innamorerebbe e che s'innamorasse di lui.

Per questo, mi giurò che, spontaneamente, non avrebbe mai fatto un passo per avvicinarsi a me, per quanto lo desiderasse; se non fosse stato il caso a farci incontrare quella sera, forse non ci saremmo parlato mai!

Io sentii un brivido corrermi per tutta la persona a quella supposizione.

Lui continuò a dire, che era fatalista! Dacché il caso ci aveva riuniti, in quel modo «quasi miracoloso» era una prova che doveva dichiararmi i suoi sentimenti; e l'aveva fatto a rischio di tutto.

Ma era contristato ed impaurito per me, per me sola, in mezzo alla sua gioia; ed il caso solo aveva tutta la responsabilità della cosa; responsabilità che lui non accettava, perché sentiva che realmente quella vecchia aveva detto il vero. Lui portava sventura, specialmente alle persone che gli erano care. Aveva una sorella, ed a sedici anni era morta!

E soggiunse:
— Tutto questo avrei voluto scrivergielo!

E dopo un tratto, durante il quale ripensò forse le belle espressioni che avrebbe scritte, e che erano rimaste inutili nel suo cervello, mi domandò:
— Mi perdona d'averle parlato, a rischio di tutto? Mi perdona, Denza?

Io strinsi la mano che teneva sempre la mia, e le comunicava una specie di ardore febbrile, poi domandai:
— E lei, come ha nome?
— Onorato. Mi chiami Onorato quando mi nomina, o pensa a me...

Intanto eravamo giunti alle porte della città. Lui si fermò e disse:
— Addio, Denza... — E la sua mano pareva un essere pensante, e che avesse una mente ed un cuore, tante cose mi disse e tanti affetti mi rivelò in quell'ultima stretta fremente e nervosa. Mi disse anche, quella mano, che dovessi salutarlo col suo nome. Ed io, un po' confusa, susurrai:
— Addio, Onorato.

Tutti gli altri ci avevano raggiunti, e si fermarono in gruppo. Bisognava separarsi. Se si fosse entrati in Novara tutti insieme, la cronaca ne avrebbe ciarlato chissà come, e chissà per quanto.

Senza dirlo, tutti lo sentivamo, e ci lasciammo con molte strette di mano, ma senza inviti né promesse di visite. E fra noi due non potemmo dirci altro.

Serbai nell'animo una certa apprensione per la predizione di quella vecchia. Non ci credevo affatto; nessuno m'avrebbe persuasa mai che una cosa tanto bella come essere amata, e sentirselo dire, potesse portarmi disgrazia. Ma mi sgomentava il pensiero che ci credesse lui, e che forse, per quella paura infondata, si asterrebbe dall'avvicinarmi, dal fare qualsiasi passo verso di me, e mi priverebbe di tante gioie... Avrei voluto persuaderlo che da lui, fin allora, mi erano venute soltanto delle estasi di dolcezza; che ogni sguardo, ogni sorriso mi inondava di contento, che era impossibile che quella beatitudine mi portasse sventura, e che la sola sventura per me era la sua lontananza...

La Titina, da quella ragazza positiva che era, mi domandò:

— Quando farà la domanda formale al babbo?

Non so perché quell'interrogazione mi sembrasse un'offesa ad Onorato, un pensiero diffidente; e le risposi con gran dignità:

— Quando vorrà. Credi ch'io diffidi di lui, e che abbia bisogno di farlo parlare coi parenti, e di vincolarlo con una promessa, per credere al suo amore? So che mi vuol bene, «che è mio, ed io sono sua» e mi basta, e sono felice.

Mia sorella, che era tenace nelle sue idee, tornò a dire:

— Io, se fossi te, preferirei che mi sposasse.

— Io no. Non sai come è bello avere una persona che ci ama, essere d'accordo con lei, e conoscerne tutti i segreti... Anch'io ero impaziente di maritarmi prima. Ma ora che ho provato tutte queste gioie, desidero di gustarle, di prolungarle un poco, prima di sposarlo.

Infatti pel momento calmata l'inquietudine dei dubbi e l'ansietà di conoscerlo, beata nella sicurezza fiduciosa di quell'amore, ero troppo assorta nella mia nuova gioia, per avvertire le noie della casa, che m'avevano fatto desiderare di maritarmi altre volte. Ero felice in mezzo a quelle seccature, precisamente come se non fossero esistite.

Quello che allora desideravo ardentemente era di leggere *I tre moschettieri* per comprendere meglio il segreto che avevo nel cuore.

Ma questa gioia non l'ottenni. La Maria voleva prestarmi il romanzo; ma la Giuseppina si oppose formalmente. Sapeva che il babbo era molto rigido in fatto di letture, e non voleva assolutamente, né per sé né per sua sorella, la responsabilità di farmi leggere un romanzo di nascosto, e mi disse:

— Domanda al tuo babbo, e, se lui lo permette...

Figurarsi se osavo domandarglielo! E se lui l'avrebbe permesso!

Venne l'autunno. L'autunno piovoso e triste, che passammo tappati in casa, colla matrigna severa, il babbo tutto assorto in lei, il bimbo piagnoloso e la zia reumatizzata.

Ma quando la casa era piena del rumore delle faccende, e dello stridio del bimbo, e quando era silenziosa e triste come una tomba nelle ore del pomeriggio, io udivo risonarmi all'orecchio la voce ansimante ed amorosa di Onorato, che mi ripeteva dolcemente e sempre, le sue care parole:

«Sa che le voglio tanto bene? E lei mi vuole un po' di bene, dica? Addio Denza!»

Qualche volta piangevo di commozione, qualche volta ridevo, cantavo, giocavo pazzamente col bimbo, per sfogare la piena della mia gioia; ma ero sempre felice.

Una sera mi occorse d'entrare imprevedutamente nella camera della matrigna; e mentre stavo per aprir l'uscio, la udii che diceva al babbo:

— È strano! Credevo che la Denza dovesse *fare piú incontro*. Ora che non ha piú affatto quell'aria beata e minchiona, anzi è fino un po' sentimentale, è proprio una bella giovane. Eppure nessuno le sta intorno, nessuno la domanda...

Il babbo rispose:

— Cosa vuoi? Le ragazze senza dote non sono mai molto ricercate.

E dopo un tratto soggiunse:

— Tempo fa, Bonelli mi accennò qualche cosa del figlio dell'ingegnere Mazzucchetti. Pare che la guardi di buon occhio...

— Ma che! di buon occhio la guarderanno tutti; è una bella ragazza, fa piacere a guardarla. Ma non vi mettete in testa che Mazzucchetti la voglia sposare. Un giovane che avrà forse un milione! La guarderà finché non avrà altro da fare, poi sposerà un'altra...

Invece d'entrare, tornai indietro pian piano ridendo fra me di quel grosso granchio che pigliava la matrigna, malgrado il suo buon senso. Pensavo.

«Se sapessero! Se sapessero che fra noi siamo già d'accordo, ed è soltanto questione di tempo! Che so i suoi segreti, e che lo chiamo Onorato!»

E nel mio cuore c'era quella fede sicura, colla quale dice il vangelo che si potrebbero trasportar le montagne.

Passò anche l'autunno e venne l'inverno, rigido, con certe nevicate che rendevano le strade impraticabili; e la nostra casa, dove soltanto in cucina e nella camera della matrigna s'accendeva il fuoco nel camino, era fredda come la Siberia. Mi vennero i geloni alle mani, che si fecero grosse e rosse vergognosamente.

Ma io pensavo che erano le mani strette con tanto amore da Onorato, e stavo estatica a contemplarle, e, deformate com'erano, mi evocavano alla mente le incantevoli visioni di quella sera memorabile.

Venne anche il carnovale, quel carnovalino di provincia, pettegolo e pretenzioso, dove della menoma festicciola si discorre, prima e dopo, fino alla nausea; dove si fanno i più minuti inventari degli abbigliamenti, e si veste sempre troppo in gala.

Le Bonelli, che brillavano molto, ci parlavano sempre di feste e di spassi, di cui noi altre non avevamo la menoma idea.

Eppure, io non desideravo quei divertimenti. Cosa avrei fatto ad un ballo! Oltrechè non sapevo ballare, l'idea di ballare con tutt'altri che con *lui*, mi faceva orrore come un'infedeltà. E lui non ballava. Dicevano, perché era troppo grasso; ma io ero certa che non ballava perché non c'ero io. E leggevo anche nel suo pensiero, dietro il rincrescimento momentaneo di non potermi abbracciare in un giro di valzer, una grande ammirazione per la vita ritirata che facevo, per la mia modestia.

Mi ricordavo cosa aveva detto, quella volta il maestro di piano alla Maria: «Lui è selvatico; ha soggezione delle signorine eleganti».

«Ha soggezione» era un modo di dire cortese del maestro, per riguardo alle sue allieve, che erano elegantissime. Ma un giovane ricco e bello come Onorato, non poteva aver soggezione di nessuno. Voleva dire che non gli piacevano. Che amava le fanciulle semplici e modeste. E nessuno lo era piú di me.

Dacché sapevo che questo piaceva a lui, dimenticavo tutte le mie lagnanze passate per le abitudini patriarcali della nostra casa, e mi pareva d'aver scelto io stessa quel genere di vita, e d'amarlo.

Quella che a noi teneva luogo di carnovale, era l'ottava di San Gaudenzio. Dal ventidue di gennaio, che era appunto la gran festa di San Gaudenzio, primo vescovo di Novara, per otto giorni di seguito c'era la benedizione colla musica, per la quale venivano persino dei professori dell'orchestra della Scala, di Milano.

Noi avevamo un banco di prima fila, a sinistra dell'altar maggiore. Davanti a noi c'era un largo spazio vuoto, dove si fermavano gli uomini in piedi, per veder i musicanti sull'organo che era a destra dell'altare.

Tutti gli anni andavamo assiduamente all'ottava, qualunque tempo facesse.

Della solennità non c'importava nulla, della musica poco, del Santo men che meno. Ma si vedeva un po' di gente, qualche giovinotto ci guardava; e nella monotonia della nostra esistenza era qualche cosa.

Di solito era la zia che ci accompagnava perché la matrigna non amava la musica, ed il babbo, di sera, stava sempre con lei. E poi, la chiesa era il dominio della zia.

Quell'anno, incominciai un mese prima ad inquietarmi, per paura che i reumi le impedissero d'uscire. Ma, anche per lei, quegli otto giorni rappresentavano il periodo brillante dell'annata; e si curò tanto, che per San Gaudenzio stava relativamente bene.

Fin dalla prima sera, dopo pochi minuti che ero in chiesa, udii uno strisciar di passi, alzai gli occhi con un gran batticuore, e vidi sfilare pian piano i «Moschettieri», Portos davanti, e gli altri di dietro. Lui andò ad appoggiarsi al muro sotto il pulpito, in faccia a me, a due passi, e gli altri si schierarono in fila.

Mi fissò gli occhi negli occhi, e finché durò la funzione, stette a guardarmi, insistente, instancabile. Gli altri mi guardavano tutti, come se fossero tutti innamorati di me. Anche quando m'accadeva d'incontrarli separati in istrada, mi guardavano e si voltavano per riguardarmi, come faceva lui. Ed io mi sentivo d'essere entrata quinta nella loro amicizia, e li amavo un po' tutti come fratelli, per amore di lui.

La sera seguente, e tutte le altre, tornò alla stess'ora, cogli stessi amici; si mise allo stesso posto, mi dette le stesse occhiate intense e lunghe.

Però la seconda sera ci fu un avvenimento. Al momento della benedizione, quando il prete alza la pisside col sacramento, e i turiboli esalano nuvole di fumo e d'incenso, e tutti chinano il capo divotamente, io lo rialzai pian piano, e guardai Onorato.

Lui aveva avuto lo stesso pensiero e guardava me.

In quel silenzio profondo e solenne, come isolati e soli al disopra di quelle teste chine, in quel profumo eccitante dell'incenso, in quella luce misteriosa, in quell'ambiente di preghiera, i nostri occhi si unirono in un solo sguardo arditamente amoroso, si confusero, si strinsero, si baciarono lungamente..

Quando la voce stonata del prete, e subito dopo quelle alte e festose dei musici, intuonarono l'*O salutaris hostia*, io mi scossi sbalordita, confusa, inebriata, come da un lungo amplesso. Mi pareva d'essermi legata anche piú strettamente a lui; sentivo d'appartenergli.

Finché durò l'ottava, rialzammo il capo al momento della benedizione, e ripetemmo quella specie di muto ed ardente colloquio d'amore, che mi lasciava turbata come una colpa, ma pazzamente felice.

Per tutta la mia vita, quell'alto silenzio della benedizione mi ricordò la gioia di quell'ora, e mi commosse, e mi fece piangere. I miei parenti ed amici hanno una grande idea della mia divozione.

Finita l'ottava, sentii una gran mancanza, mi parve che fosse avvenuta una grave catastrofe, come un incendio, un'inondazione e che m'avesse tolto dei tesori inestimabili, e mi lasciasse nello squallore.

Però vedevo Onorato immancabilmente alla messa della domenica. Sovente lo incontravo in istrada. Se s'andava in casa Bonelli, le cugine mi facevano uscire sul balcone, e qualche volta lo vedevo passare, e sempre mi guardava allo stesso modo.

Poi, nella quaresima, un giorno io, un giorno mia sorella, s'andava alla predica colla zia. E lui c'era sempre, in capo alla fila dei banchi dove era il nostro, nella cappella di Sant'Agapito. E, quand'era il mio giorno, mi guardava tutto il tempo della predica. E quand'era il giorno della Titina guardava lei, e lei me lo diceva al ritorno portandomi quegli sguardi come un'ambasciata; ed era anche quella una gioia.

Del resto, non ero un'eccezione. C'erano a Novara parecchie ragazze che avevano degli amori a quella maniera, ed erano contente e fiduciose quanto me, e tiravano innanzi cosí da anni, senza domandar altro, e senza che i loro innamorati facessero di piú.

La figlia di un farmacista di contro a noi, aveva aspettato il figlio d'un notaio per tredici anni, poi l'aveva sposato. È vero che era morta di una malattia di nervi, dopo poco piú di un anno di matrimonio; ma questo a me non poteva accadere.

Quegli amori d'occhiate sono talmente entrati nell'uso a Novara, che parlando di due innamorati nel ceto civile, si dice «Il Tale *guarda* la Tale».

Soltanto parlando di operai e bottegai, si dice: «Il Tale *parla* alla Tale».

C'è l'uso in tutto il Novarese, di mandare in giro il giorno della mezza quaresima una sega. Nel popolo la fanno portare scarabocchiata col gesso sul dorso, o rinvoltata e nascosta ingegnosamente, in modo che chi la porta non se ne accorga. Ed è una burla che trovano molto divertente. I signori mandano a regalare delle seghe eleganti, e ne fanno il pretesto per offrire un gingillo, un dipinto, un dono.

I galanti del carnovale si ricordano, col mezzo della sega, alle signorine che hanno incontrato ai balli. Mandano la sega in una lettera per la posta, accompagnata da proteste d'amore in versi o in prosa, sempre anonime soltanto pei parenti. Le ragazze indovinano subito il nome dell'autore.

Le Bonelli ricevevano in quella giornata dei fasci di lettere, con seghe di carta frastagliata o dipinta, di seta ricamata, d'argento... Avevano persino ricevuta una bella seghettina d'oro, che portavano sempre appesa al cordoncino dell'orologio.

Quell'anno la mattina della mezza quaresima, la serva tornando dal mercato, portò su una lettera che aveva trovata dal portinaio, diretta a me «Denza Dellara!»

Io sentii il sangue salirmi alle guancie, caldo come una vampa. La Titina si fece pallida. Mi disse poi, che l'aveva creduta la domanda formale di matrimonio. Figurarsi, diretta a me! Ma era la sua idea fissa.

Eravamo tutte e tre in piedi, noi due e la matrigna, intorno alla tavola della cucina. La lettera era là, tra il pacco della carne aperto, ed un cavolo tutto bagnato che le sgocciolava sopra. Io la divoravo cogli occhi, ma non osavo toccarla.

La matrigna, quand'ebbe ricevuto il conto dalla serva, prese tranquillamente la busta, ed andando in camera a pigliare gli occhiali, disse:

— Sarà qualche stupidaggine. Oggi è il giorno delle seghe!

Io lo sapevo che era il giorno delle seghe. Senza osare esprimere neppure con mia sorella quella grande speranza, che avrebbe potuto esser vana, ci pensavo da mesi e mesi, ed invocavo quella lettera.

La matrigna tornò cogli occhiali sul naso, ed il foglio aperto in mano, lo lesse accanto alla finestra, poi disse crollando le spalle:

— L'ho detto, che doveva essere una stupidaggine!

E la buttò di nuovo sulla tavola, con una sega di carta turchina leggera leggera, che andò ad appiccicarsi al pezzo di manzo umido. Quella lettera le era sembrata tanto inoffensiva, che me l'abbandonava.

Io domandai con un sorriso forzato, tutta nervosa e tremante:

— Posso leggerla?

— Oh leggi pure! Puoi vantarti che la tua corrispondenza porta le ultime novità.

Presi il foglio tutto sgocciolante dell'acqua del cavolo, e lessi:

Un dí felice eterea
Mi balenasti innante,

E, da quel primo istante,
Arsi d'immenso amor.
Di quell'amor che è palpito
Dell'universo intero
Misterioso altero Croce e delizia al cor.

La matrigna mi guardava, aspettando che facessi una risata anch'io, e dicessi che era una stupidaggine. Ma la commozione mi toglieva il fiato; cercai di ridere, ed invece scoppiai in un pianto dirotto.

La matrigna ebbe un sospetto, e, con maggior dolcezza del solito, mi disse:

— Cosa c'è da piangere? Sai chi l'ha scritta forse?

Io, soffocata dai singhiozzi, crollai il capo e le spalle energicamente. Lei riprese:

— No? Peccato! Avrei preferito che lo sapessi. Se fosse un giovane buono, bene intenzionato ed adatto a te, si potrebbe fargli parlare, e vedere di combinare un matrimonio. Sarebbe tempo di rompere il ghiaccio...

Io tornai a crollarmi tutta, negativamente. L'idea che Onorato fosse aggredito da qualcuno che gli intimasse di sposarmi, come se si trattasse di pagare un'imposta, mi faceva arrossire e m'impauriva. Mi pareva che lui dovesse credermi complice d'una cospirazione per forzare la sua volontà, ed offendersi e sfuggirmi.

Volevo che venisse a me spontaneamente, quando le sue circostanze glielo permetterebbero, e desideravo di dargli una grande ed assoluta prova di fiducia, non domandandogli mai neppure quali fossero le sue intenzioni. Potevo dubitarne?

La matrigna riprese:

— Se non sai chi ti scrive questa sciocchezza, non capisco perché piangi...

La Titina, con un'astuzia ed una prontezza che mi sbalordirono, rispose:

— Si mortifica, perché capisce che è una burla.

Io accennai di sí, e profittai di quella giustificazione per rileggere il foglio, e piangere tutte le lagrime de' miei occhi in un accesso di tenerezza nervosa.

La matrigna mi diede uno scappellottino carezzevole, e disse:

— E tu piangi per una burla? Grande e grossa e minchiona a quel modo? Lascia che dicano! Io quand'ero alla tua età, una festa, che rinnovavo un bel vestito color di rosa, con un *canezou* di tulle bianco, ed una cappottina di seta, incontrai una brigata di giovinotti che mi guardarono, poi il caporione gridò: «Tutto è bello fuorché il viso». Ma non mi son messa a piangere per questo. Ho riso anch'io, e m'ha fatto buon sangue. E poi, chissà che sia davvero qualcuno che s'è innamorato di te! E che un giorno o l'altro si presenti a domandarti in moglie? Sarebbe un po' grullo, ma cosa importa? Se s'avessero a sposare soltanto le aquile... Via via, smetti di piangere, e va' a rinfrescarti il volto.

Non mi parve vero di correre in camera, e di rileggere attentamente quelle vecchie parole, che conoscevo e cantavo da un pezzo, e di baciarle, e di rileggerle ancora.

Per tutta la primavera ed una parte dell'estate non vi furono altri avvenimenti.

Verso la metà di giugno, una sera che si moriva dal caldo, nel passare dinanzi al caffè Cavour, vidi Onorato, coi tre amici, seduto ad un tavolino, in mezzo alla gran folla di signori eleganti, e di camerieri che correvano portando i vassoi colle braccia alzate, e gridando: «Pronti! Vado!»

Noi non ci eravamo mai seduti a quel caffè di lusso. Le poche volte che si prendeva un gelato, s'andava ad un caffè modesto e meno frequentato e si entrava per una porticina di dietro, in una sala deserta. E là si domandavano tre gelati e due piattini in piú; poi si facevano le parti. Il babbo e la matrigna, davano ciascuno una parte del loro gelato, in un piattino, al bimbo. La Titina divideva il suo con me. Per lo piú il cameriere portava soltanto tre cucchiarini, ed il babbo doveva reclamare ed impazientarsi, per avere gli altri due. Credo che il cameriere ci burlasse.

Quella sera, forse che il caldo le portasse via la testa, la matrigna propose di fermarci al caffè Cavour. Io arrossii al pensiero di fare tutto quell'armeggio dei piattini, dinanzi a tanta gente ed a *lui*; ma non potevo oppormi.

Allora dissi che mi doleva il capo, e che non potevo prendere il gelato; cosí soltanto la Titina divise il suo col bimbo, e non ci furono altre complicazioni.

Mi parve che quella sera le occhiate di Onorato avessero qualche cosa d'insolito, come un'espressione di rammarico, di malinconia. Due volte chinò lievemente il capo come in atto di saluto. Quando noi ci alzammo, si alzò anche lui, e, naturalmente, anche i «Moschettieri»; e per tutta la strada udii le loro voci dietro a noi.

E mentre il babbo apriva il portone, loro ci passarono dinanzi, e dopo alcuni passi, Mazzucchetti si voltò indietro, e mi salutò; *positivamente mi salutò*.

L'impressione che riportai da quell'incontro, non fu tutta di gioia. Ero turbata. Sentivo che aveva voluto annunciarmi qualche cosa; e qualche cosa di triste. Ma che cosa? La Titina non voleva aiutarmi ad indovinare, e diceva:

— Ma sei matta! È sempre la stessa storia. T'ha guardata come al solito. Sarebbe meglio che ti sposasse!

Per alcuni giorni non lo vidi. La domenica non comparve alla messa, per la prima volta dopo quasi un anno! E la sera di quella stessa domenica, incontrai due Moschettieri scompagnati. De Rossi e Rigamonti... Portos e d'Artagnan mancavano.

Era troppo! cominciai a rattristarmi, ad almanaccare idee nere, e per quanto la Titina affermasse che doveva essere andato «a quelle acque che dimagrano, da dove tornava sempre piú grasso» io non potevo darmi pace.

Ricorsi al solito rifugio delle Bonelli. Per l'appunto dovevano andare presto in campagna; dissi alla matrigna che partivano fra due giorni, sebbene sapessi che era fra dieci, e la indussi ad accompagnarci a salutarle.

Sgraziatamente lo studio del signor Bonelli era chiuso, e la matrigna dovette salire con noi. Ma questa volta la Maria pensò a me, e nello stringermi la mano susurrò:

— È andato a Parigi all'Esposizione.

Poi si volse alla matrigna e parlò d'altro lasciandomi tutta pallida e fredda, con quella trafittura nel cuore.

A Parigi! Ma era dunque possibile che si andasse davvero a Parigi? E che se ne tornasse? — Stetti un tratto muta, paralizzata. Poi a poco a poco mi riebbi cogli orecchi che ronzavano come dopo uno svenimento; ed in mezzo a quel ronzio, che era la conversazione generale, di cui non capivo una parola, esclamai col coraggio della disperazione:

— C'è l'Esposizione a Parigi, nevvero?

La matrigna rispose:

— Bella novità! È un anno che se ne parla...

E ripigliò il discorso che aveva interrotto «che noi non s'aveva villeggiatura, perché le villeggiature sono una passività, e lei, quando comperava dei fondi, intendeva di mettere del denaro a frutto pel suo erede...»

La interruppi ancora per domandare ansiosamente:

— E c'è molta gente che ci va?

— In villeggiatura?

— No, a Parigi.

— Toh! quella s'è fissata su Parigi! Hai la speranza che io ti ci conduca?

— No... Domando cosí... per sapere.

La Giuseppina disse:

— Di qui sono andati i Carotti, il marchese Fossati, i Preatoni, e poi una compagnia di giovinotti...

Mi lanciò un'occhiata per avvertirmi che parlava di lui, ma, colla sua prudenza, non disse il nome, né nessun nome che richiamasse quello; e continuò:

— ...Che staranno un mese a Parigi, poi passeranno un mese a Londra, poi visiteranno una parte dell'Inghilterra, il Belgio e l'Olanda...

Io esclamai scoraggiata:

— Ma staranno in giro un'eternità!

— Un po' a lungo, sí. È un viaggio d'istruzione. Ma devono tornare agli Ognissanti.

A misura che si avvicinava la festa degli Ognissanti il mio spirito si rasserenava. Non pensavo piú alla lontananza; pensavo alla gioia del ritorno, di incontrarlo per strada di rivederlo in chiesa.

La vigilia degli Ognissanti andammo dalle Bonelli. Ma quell'anno avevano cessato di prender lezioni di piano, vedevano il maestro molto di rado, e non sapevano piú dirci nulla di Mazzucchetti.

La Giuseppina disse:

— È certo che dovevano tornare oggi. So che Crosio torna questa sera, e credo che torni anche Mazzucchetti.

Piú tardi la Titina osservò che la Giuseppina era sempre informata di quanto faceva Crosio, e, che doveva *esservi qualche cosa*. Ma a me non importava nulla di nessuno, il mio amore mi assorbiva tutta.

La mattina degli Ognissanti, nel vestirmi per la messa, dicevo a mia sorella:

— Non so come farò a non svenire, quando lo vedrò entrare in chiesa.

E lei mi rispondeva:

— Non montarti la testa. È probabile che oggi non venga. È appena arrivato per passare gli Ognissanti in famiglia; non potrà, fin dal primo giorno, lasciare la sua mamma.

Durante la messa non feci che voltarmi indietro ogni volta che udii richiudersi la porta. Scandolezzai i devoti, mi feci sgridare dalla zia, ma Onorato non lo vidi.

Il giorno dei morti mi svegliai coll'impressione che fosse accaduta una sventura; e subito mi ricordai la *mia* sventura, e cominciai a gemere colla Titina, prima ancora d'alzarmi.

Nel pomeriggio, mentre la Titina, che faceva la settimana di cucina, stava preparando la minestra di fagioli, che si mangia in tutta la provincia il giorno dei morti, io, che mi sentivo il cuore gonfio di amarezza e gli occhi gonfi di lagrime, buttai il lavoro nel paniere, e mi rizzai contro la finestra, guardando la pioggia che cadeva frettolosa e minuta, e piagnucolando in silenzio.

Ad un tratto vidi il signor Bonelli entrare dal portone, traversare il cortile dando un'occhiata allegra alle nostre finestre, e scomparire nello studio dei babbo.

Il cuore mi diede un gran balzo. Ebbi il presentimento che quella visita insolita riguardasse me. Senza osare di fermar il pensiero sulla speranza, che mi spuntava timidamente nell'animo, corsi accanto alla Titina e le susurrai quanto avevo veduto.

Lei, senza scomporsi, e continuando a tagliare a quadretti uniformi la cotenna di maiale da cuocere coi *fagioli dei morti,* disse:

— Si vede che Mazzucchetti è tornato, e lo manda a fare la domanda di matrimonio.

Io le buttai le braccia al collo, le nascosi il volto sulla spalla, e mi misi a singhiozzare nervosamente.

Lei crollò le spalle senza asprezza, ma un po' confusa, ed affrettandosi a tagliare le cotenne e guardandole fisse mi disse rapidamente:

— Sei matta? Stai su, e va' in camera. Senti, viene il bimbo. Guai se andasse a dire alla sua mamma che fai queste scene!

Poi, mandando un gran sospiro, con uno sguardo desolato al tagliere, soggiunse:

— Non vedo l'ora che ti sposi! Non si può durare cosí.

Andai in camera agitatissima. Giú nello studio si trattava la grande questione del mio avvenire.

Udivo in cucina la Titina discorrere colla matrigna, che era andata ad aiutarla, e ridere col bimbo che domandava «perché i morti mangiano i fagioli?»

La voce del babbo, che doveva essersi affacciato all'uscio della cucina, chiamò la matrigna.

— Marianna! Vieni in camera un momento!

Appena udii richiudersi l'uscio dietro a lei, sgusciai in cucina e domandai a mia sorella:

— Titina, che viso faceva il babbo? T'è sembrato contento?

— Sí; si stropicciava le mani.

In quella, dalla sua camera, la matrigna chiamò forte due volte: Titina! Titina!

Mia sorella rispose: «Vengo!» E, mentre si scioglieva i nastri del grembiule da cucina, mi susurrò:

— Vogliono domandarmi se non mi dispiace troppo lasciarmi passare innanzi la sorella minore. La tua sorte è nelle mie mani!

Ed uscí ridendo.

Stettero un gran pezzo in conferenza. Io ero sulla brace. Avevo tanto bisogno di sfogo, che entrai nel paravento, e raccontai alla zia che forse Bonelli era venuto a farmi la domanda di matrimonio, per un giovane molto ricco, e molto buono, figlio unico...

La zia si allegrò tutta, e si raccomandò che la facessi venire in campagna con me, almeno un mese all'anno, perché «*non pareva*, ma era lunga l'annata dietro quel paravento».

Risuonò un passo forte in cucina, ed il babbo disse:

— Denza! Dove sei?

Uscii dal paravento, sorridendo alla zia, che mi faceva dei piccoli cenni col capo, e seguii il babbo, che s'avviava nella sua camera, tenendo l'uscio aperto per me.

Trovai la matrigna seduta accanto al fuoco, colla Titina in piedi dinanzi, che teneva gli occhi bassi, ed era rossa in viso come se avesse pianto. Il babbo si mise a sedere dall'altra parte del camino, ed io mi fermai in piedi presso mia sorella. Il babbo disse:

— Mia cara Denza. Tua sorella ci assicura che tu sei molto malinconica, e che non potresti vivere senza la sua compagnia, o, almeno, che saresti infelice. È vero questo?

Non capivo affatto. Come mai mia sorella poteva immaginarsi che, vivendo con Onorato, sua sposa, io avessi a sentire tanto la mancanza di lei? Sí, le volevo bene ma non vedevo l'ora di andarmene; e, se avevo un rammarico, era di non rimpiangerla abbastanza.

Ad ogni modo non volevo rinunciare alla mia felicità per secondare la tenerezza di mia sorella. Mi domandava un sacrificio troppo grande. Risposi:

— Tutto dipende dalla compagnia con cui dovrei vivere, lasciando lei...

La matrigna m'interruppe un po' risentita:

— Oh, quanto a questo, la compagnia di tuo padre, e di quella che ti tien luogo di madre, potrebbe trovar grazia a' tuoi occhi, mi pare!

La guardai stupefatta. Dovevo vivere con loro anche dopo maritata? E, allora perché non ci doveva essere la Titina? Fu questa la domanda che mi venne alle labbra:

— Ma la Titina dove andrebbe?

— Oh bella! Con suo marito.

La Titina si lasciò sfuggire un gran singhiozzo, e ricominciò a piangere coprendosi il volto con le mani. Io esclamai tutta giubilante:

— Oh! si marita anche lei?

La matrigna mi diede un'occhiata stupita, poi disse, parlando al babbo.

— *Anche lei!* Vedrai che questa signorina ha creduto d'essere lei la sposa. Del resto tu hai un po' di colpa, perché non dici mai le cose con precisione.

Poi si volse ancora a me, e riprese:

— Ecco di cosa si tratta. Abbiamo ricevuto una domanda di matrimonio per tua sorella; ma lei esita ad accettare per non separarsi da te, che sei tanto malinconica, dice... Chissà perché, poi? Mi pare che qui nessuno ti dia dei dispiaceri...

Tirò via una lunga chiacchierata, ma io non ascoltavo piú. Le prime parole mi avevano dato un tal colpo, che rimanevo tutta fredda e tremante e non rispondevo nulla.

Il babbo mi disse severamente:

— Ma Denza, non trovi una parola da dire alla Titina, che vorrebbe sacrificarsi per te?

Io balbettai:

— Non voglio che si sacrifichi. Si mariti pure! Tanto, alla mia malinconia nessuno può farci nulla... Ne morirò! Ne morirò di certo!

E fuggii via singhiozzando, mentre la matrigna diceva al babbo:

— Quella ragazza va curata... È nervosa...

Il pretendente di mia sorella era Antonio Ambrosoli, figlio del farmacista di Borgomanero, lo stesso che era stato fidanzato per tre anni con la nostra cugina di laggiú.

Al momento di concludere il matrimonio, la sposa non aveva voluto adattarsi a convivere coi genitori di lui; lui, per considerazioni d'interesse, non aveva potuto separarsene, e le nozze lungamente vagheggiate, erano andate a monte.

Questa rivelazione mi mise un grande sgomento nell'animo. È vero che, prima di rinunciare ad Onorato, io mi sarei rassegnata a far vita comune col padre, colla madre di lui, con tutta la parentela paterna e materna, ascendente e collaterale, fino ai cugini piú remoti. Ma se, per qualsiasi altro motivo, i suoi genitori si fossero opposti al nostro matrimonio? E se lui, come Antonio, vi avesse rinunciato?

La matrigna, che non amava le cose lunghe, dichiarò che le nozze di mia sorella si farebbero fra un mese. E quel tempo fu cosí occupato nei preparativi, che fui molto distratta dalla mia eterna cura amorosa.

Il gran giorno ci capitò addosso che non avevamo ancora finito di cucire il corredo. La notte precedente non ci coricammo neppure, e la mattina all'alba eravamo già tutte in gala.

Io, che a forza di crescere avevo finito per dover allungare le gonnelle volere o non volere, ebbi per quella circostanza un abito nuovo di lana verde-bottiglia, che toccava terra, un cappellino di feltro verde, ed una cappina eguale all'abito. E mia sorella, impietosita delle mie mani rosse, aveva suggerito allo sposo di regalarmi un manicotto di falso ermellino...

Ah! come mi struggevo d'esser veduta da Onorato vestita a quel modo! Avevo anche i capelli divisi sulla fronte!

Ma nessuno mi vide perché la cerimonia si fece alle sei e mezzo del mattino, senza pompa e senza inviti, ed uscendo dalla chiesa s'andò direttamente alla stazione ad accompagnare gli sposi che partivano per Borgomanero.

Partiti loro, la casa ripiombò nella solita tristezza.

Ma si avvicinava il Natale, ed io mi consolavo pensando che Onorato sarebbe tornato per fare le feste in famiglia. Ripetevo fra me un proverbio, che alludeva non so a quale vecchia leggenda, e che la zia ripeteva, ogni volta che si parlava del Natale e di gente lontana: «A Natale si restituiscono fino i banditi!»

Sebbene di solito non fossi divota, quell'anno uscii ogni mattina alle sette colla zia che faceva la novena di Natale a San Marco. Mi pareva che quell'ora mattutina, quelle strade deserte e buie, ed il ghiaccio della notte che scricchiolava sotto i piedi, aumentassero il merito della divozione.

M'inginocchiavo in atto compunto nella chiesa buia, e fissando con occhio supplichevole la luce lontana delle candele sull'altare, susurravo fervidamente: «Oh Gesú, fatelo tornare! Oh Gesú, fatelo tornare!»

E mi sgolavo a cantare ad alta voce le litanie ed il *tantum ergo*; ma, per me, quella nenia gemebonda e quelle parole latine che non capivo, ripetevano tutte la stessa invocazione! «Oh Gesú, fatelo tornare!»

Il 22 dicembre, vennero le Bonelli ad annunciarci che la Giuseppina era sposa. Il padre diede la nuova ufficialmente; e la figliola arrossiva un pochino, non troppo; scoteva energicamente le nostre mani in risposta alle congratulazioni, e diceva senza confondersi:

— È capitano delle Guide. Suo padre era colonnello; il famoso colonnello Crosio che morí a Solferino. Carlo Alberto lo stimava molto, lo trattava da amico. La madre è dell'antica nobiltà piemontese; vive presso Racconigi. Il suo piccolo parco confina col parco reale; e Carlo Alberto, quand'era là per le caccie, entrava qualche volta nella villa modesta del suo colonnello...

Diceva tutto questo, come se discorresse d'un uomo nuovo, che avesse conosciuto soltanto dacché l'aveva domandata in moglie, e del quale non sapesse altro che quelle generalità.

Dei loro sentimenti, del come s'erano amati e fidanzati, — e doveva essere un pezzo perché la Titina aveva sempre notato che in casa Bonelli si conosceva tutto quanto faceva Crosio, — non si lasciò sfuggire neppure una parola.

Quelle ragazze facevano tutto compostamente, senza scene, da gente per bene; anche l'amore.

Fui cosí mortificata da quella riserbatezza dignitosa, che non osai domandare di Onorato.

Come mi parvero noiosi quell'anno gli apparecchi del Natale, che in casa nostra si cominciavano otto giorni prima della festa!

Di solito si rideva molto con mia sorella, quando si saliva in piedi sui fornelli, sulle tavole, sulla credenza, e fin sul piano del camino per incoronare di lauro le casseruole appese al muro, «come si coronavano i poeti in Campidoglio», diceva il babbo.

E noi, nel cucinare, dicevamo l'una all'altra: «Staccami quel poeta piú grande, o piú piccino».

Nel fare il presepio pel bimbo avevamo scoperto che uno dei Re Magi, quello dall'incenso, rassomigliava ad Onorato, e chiamavamo i Magi «I tre Moschettieri».

Quell'anno invece ero sola e triste. Nel mettere a posto i «moschettieri» in fondo al presepio, mi ricordai che la Titina, il Natale precedente, aveva detto: «questi benedetti Moschettieri sono sempre sull'uscio colla loro offerta, ma non entrano mai».

Era passato ancora un anno, ed il mio moschettiere era sempre sull'uscio... Seppure v'era, perché, a quella distanza, che cosa ne sapevo piú?

Nel gennaio si celebrarono con gran pompa le nozze della Giuseppina; ma io dovetti accontentarmi d'andare colla matrigna in chiesa tra la folla, a vedere la sposa vestita di bianco, e lo sposo in grande uniforme, e la suocera maestosa come una regina, e tutte le signore cogli strascichi lunghi che tenevano la gente a distanza, e gli uomini in abito nero, fra i quali c'era anche il babbo, con un grosso rotolo in mano. Era un epitalamio che doveva leggere alla colazione, e che il signor Bonelli aveva fatto stampare a sue spese. Veramente il babbo lo aveva scelto nel vecchio fascio di poesie giovanili, che serbava nello stipo della sua camera fra le memorie di famiglia. Ma ci aveva lavorato molto per adattarlo alla circostanza, e si lagnava che «l'estro non gli sorridesse piú come una volta». Parlava d'Imene, poi della Madonna e di san Giuseppe patrono della sposa, perché il babbo «conosceva il linguaggio poetico, ma non dimenticava d'esser cristiano».

Nella primavera seppi che Onorato era a Soleure e che contava di rimanerci tutto l'anno per rinfrancarsi nella lingua tedesca.

Quei due matrimoni l'uno dietro l'altro, m'avevano fatto sembrare piú facile anche il mio. E ad un tratto, quell'idea d'un anno intero di lontananza, d'un'aspettazione indefinita, mi colpí come un disinganno.

E tuttavia mi rassegnai, e tirai avanti altri dodici mesi, e sempre collo stesso pensiero.

Avvennero molte novità in quel tempo, piacevoli e dolorose. Mia sorella ebbe un bambino. Il marito della Giuseppina fu destinato di guarnigione a Palermo, e lei lo seguí di là dal mare. Il bimbo della matrigna smesse le gonnelline, mise i calzoni e andò a scuola. E la povera zia si prese un reuma piú grave degli altri, stette a letto un mese intero, e finí per andarsene quietamente come aveva vissuto, all'altro mondo nel quale credeva.

Il babbo aveva acceso molte lampade alla Madonna durante la malattia; ma per quella volta, il suo rimedio non aveva giovato. E la cucina ci parve piú grande e piú triste ancora, senza quel paravento.

Poi, nei primi tempi del nostro lutto si fece sposa anche la Maria, e, dopo un breve viaggio di nozze, tornò collo sposo in casa di suo padre, per non abbandonarlo nella vecchiaia.

Di quattro, io, la bellezza, ero rimasta l'ultima.

Finalmente una sera di maggio, mentre eravamo a passeggio sull'«allea», vidi Onorato, coi due moschettieri che gli erano rimasti.

Nel passarmi accanto, mi guardò, precisamente come se m'avesse veduta il giorno innanzi. Ebbi un accesso di gioia pazza, e pensai:

«Ecco! È venuta la mia volta!»

Ed aspettai di giorno in giorno la domanda di matrimonio.

Ma la domanda non venne. Riprese a guardarmi quando m'incontrava, a venire in chiesa in capo al banco, cogli occhi fissi su me; gli occhi che mi riconfermavano sempre il tacito accordo pattuito fra noi, e rafforzavano la mia fede, ed accrescendo la mia impazienza, mi davano però l'energia d'aspettare.

Ed aspettai infatti altri cinque o sei mesi, felice del suo ritorno, tranquilla d'aver assicurato il mio avvenire.

Un giorno la Maria, che dopo il suo matrimonio non m'aveva piú parlato d'Onorato, e si lasciava vedere di rado a casa nostra, venne a prendermi per condurmi a pranzo da lei.

Quel fatto strano mi fece supporre che avesse qualche buona nuova da comunicarmi; pensai alla domanda di matrimonio ed uscii col cuore palpitante.

Infatti, mentre aspettavamo che il signor Bonelli ed il marito della Maria tornassero pel pranzo, lei mi disse:

— E tu, bellezza! non pensi a maritarti? È tempo, sai. Hai sei mesi piú di me.

Io cominciai a rispondere:

— Ma appena mi farà la domanda...

Lei m'interruppe con una risatina che non era naturale, ed esclamò:

— Ah! la domanda di Mazzucchetti! È il tuo vascello fantasma, quella domanda!

— Il mio *vascello fantasma?*...

— Sí; tu non sai. È un'opera. Vuol dire una meta a cui si tende sempre e non si raggiunge mai. Un'illusione.

— Credi che sia un'illusione?

— Vedo che passano gli anni e non concludete nulla... Io, nel caso tuo, ci rinuncerei.

Crollai le spalle indispettita, e lei continuò:

— Ti allontana i partiti quel grassone.

Io protestai:

— Ma che partiti? Se non c'è nessun altri che si curi di me...

— Sfido! Sanno tutti che sei innamorata di quello lí. Mio marito l'ha udito dire in un caffè.

— In un caffè!

— Ma sicuro, mia cara. Tu vivi fuori del mondo, e non sai che quel bel signore ti compromette colle sue eterne occhiate, che non mettono capo a nulla.

Ero un po' offesa, senza saper bene il perché.

Quel discorso mi pareva brutale, e fuor di proposito. Perché me lo faceva appunto allora, e non qualche anno prima? Non rispondevo nulla, ma il mio silenzio doveva dimostrarle che ero risentita, perché lei mi venne accanto, mi prese le mani e disse:

— Non andare in collera, ti dico queste cose pel bene che ti voglio. Se noi potessimo giovarti, tanto io che mio marito... pensaci. Possiamo far qualche cosa per te? Presto andiamo in campagna. Vuoi venir via con noi e star fuori tutto l'autunno, e cercare di dimenticarlo?... Vuoi?

Stetti un lungo tratto a pensare. Mi pareva di sentire in quelle parole un sottinteso che non mi riesciva di comprendere. Finalmente dissi:

— Perché dimenticarlo? Dopo aver aspettato tanto!...

Lei mi guardava con un'aria di compassione che mi faceva stizza, e non parlava piú. Io tornai a dire:

— Dimenticarlo! Bisognerebbe che sapessi che non mi sposerà mai, per volerlo dimenticare.

La Maria chinò il capo come se avesse un torto e se ne vergognasse, e senza guardarmi sussurrò:

— Fa' conto di saperlo.

Diedi una forte scossa alle sue mani che tenevano sempre la mia, e respingendola, ed alzandomi a guardarla in viso, tutta eccitata gridai:

— Perché? Che motivo hai di dir questo? Perché non dovrebbe sposarmi mai? Ho qualche torto? Di'...

Crollò il capo, e sempre cogli occhi bassi rispose:

— Tu no, povera Denza!

— Allora è di lui che sospetti? Di che cosa? Sentiamo. Ha un'altra moglie?

Questa volta alzò gli occhi, mi guardò addolorata, e giungendo le mani come per domandarmi perdono, disse pian piano:

— Sposa la Borani.

Io ripetei come un'eco:

— Sposa la Borani!

E mi sentivo divenir tutta fredda, e tremavo, tremavo, e non potevo dir altro.

Mi pareva che tutti i vincoli che avevo colla vita si fossero spezzati ad un tratto, e che, dopo quella grande rovina, dovessi morire; che fosse finita.

La Maria mi guardava sbigottita. Mi ero lasciata cadere sul divano; lei si mise in ginocchio accanto a me, in silenzio.

I singhiozzi cominciavano a gonfiarmi il petto e stringermi la gola. Resistetti un minuto, poi m'abbandonai nelle sue braccia, piangendo disperatamente, ed esclamando che volevo morire, che volevo farmi monaca, che non volevo piú stare a Novara neppure un giorno, e che non volevo piú uscir di casa, e che tutti vedendomi avrebbero riso di me, e che sarei morta di vergogna.

La Maria mi lasciò sfogare pazientemente, senza contraddirmi, senza tentare di consolarmi, finché la convulsione del pianto cessò.

Allora soltanto, con molta delicatezza, mi disse: «che avevo sempre data troppo importanza a quelle occhiate, che, in sostanza, lui era stato accorto, non s'era impegnato in nessun modo; che certo gli piacevo, perché ero bella, e se avessi avuto la dote della Borani avrebbe preferito sposar me; ma era uomo interessato; non aveva il coraggio di rinunciare alla dote. E non meritava che lo rimpiangessi; e soprattutto non dovevo dargli quel trionfo d'avermi fatta vittima, d'avermi turbata. Dovevo mostrarmi indifferente. Capiva che era difficile e doloroso, ma questo doveva essere il mio eroismo. Dovevo averlo per la mia dignità; cominciando subito a ricompormi per non farmi scorgere dal suo babbo e da suo marito, e piú tardi dalla mia famiglia...» Questa considerazione mi scosse piú di tutte le altre. Infatti non potevo dire a casa mia:

— Piango, mi dispero, faccio delle scene perché il mio innamorato mi pianta.

Mi lavai il volto coll'acqua fresca, e, bene o male, assistetti a quel pranzo, dove i due uomini ebbero la cortesia di fingere di non saper nulla e di non vedere in che stato di alterazione mi presentavo. La sera, quando la matrigna vedendomi tutta pallida e cogli occhi gonfi, mi guardò sgomenta, io sussurrai:

— Si parlò della zia.

E me ne andai in camera a spogliarmi.

Il domani ci furono le occupazioni inevitabili della casa che mi aiutarono a combattere, se non il mio dolore, almeno le manifestazioni del dolore!

Parlavo pochissimo, ero triste, avevo spesso il pianto alla gola, ma lo ringoiavo, e fingevo di non aver altro cruccio che quello per cui portavo ancora il lutto

Cosí superai il periodo piú acuto e difficile della catastrofe. Più tardi andai colla Maria alla sua campagna e vi stetti fin dopo quelle nozze di gente ricca di cui a Novara si parlava troppo, perché io potessi rimanerci senza molte sofferenze e mortificazioni. Quando tornai ripresi la solita vita, ed a poco a poco mi avvezzai anche all'idea dolorosa di non essere amata. Quando mi accadeva d'incontrare Onorato, mi guardava tal quale come prima. Era un'abitudine. Se non avesse avuto moglie, avrei potuto illudermi che m'amasse sempre, e sperare chissà fin quando. La Maria mi diceva:

— È meglio che si sia ammogliato, altrimenti t'avrebbe fatta invecchiar zitellona come la tua zia, per vivere e morire dietro un paravento.

A quell'idea rabbrividivo, e dovevo convenire che infatti era meglio. E lei, incoraggiata, continuava colla sua monelleria da ragazza, che qualche volta faceva capolino ancora:

— Se lo sa il tuo babbo, accende una lampada alla Madonna per *Grazia ricevuta*.

Dopo quel grande avvenimento ci fu un lungo periodo, assai lungo, durante il quale non accadde assolutamente nulla. Un periodo uggioso e grave tutto pieno di faccende di casa, di discorsi scipiti, di abitudini che si ripetevano a tempo fisso: solennità, feste di famiglia, esami e premiazioni nelle scuole del mio fratellino, piccole malattie della matrigna, visite scambiate con mia sorella. Nulla che mi abbia dato una scossa o lasciato una impressione profonda, fin al carnovale del 1875.

Quell'anno la Giuseppina, che aveva avuto un parto immaturo, e ne aveva fatto una malattia, venne a passare l'inverno a Novara, e sua sorella per divertirla diede una serata musicale, avvertendo che sul tardi si sarebbero fatti quattro salti.

Era la prima volta che mi si offriva l'occasione d'andare ad una serata; e mi davo gran pensiero dell'abbigliamento. Avevamo ricevuto l'invito nel pomeriggio, pel posdomani.

E la sera a cena dissi:

— Potrei mettermi l'abito bianco di questa estate...

Il babbo osservò soltanto che avrei potuto infreddarmi. Ma la matrigna fece delle obbiezioni:

— Cosí com'è? Tutto bianco? Mi pare troppo giovanile per una ragazza della tua età.

Credo che in quel momento la circolazione del mio sangue triplicasse di rapidità, perché sentii una vampa di calore salirmi dal cuore alla testa, ed il cuore mi batté con una violenza che mi scosse tutta, ma mentre risentii quell'impressione istantaneamente, il pensiero non fu altrettanto pronto a riflettere che età avessi e se mi convenisse o no quel vestito, ed esclamai:

— Alla mia età! Sono una vecchia da non potermi vestir di bianco?

E la matrigna, spietatamente sincera, disse:

— Non sei una vecchia, no; ma sei una giovane matura...

Ah, che colpo fu quello! Neppure l'abbandono d'Onorato m'aveva desolata a quel modo. Una giovane matura! Ed era vero. Avevo venticinque anni passati! Non m'ero mai fermata su quel pensiero. Quell'età me l'ero lasciata venire addosso, cosí, lemme lemme, facendo sempre la stessa vita che facevo a quindici anni, stando sempre sommessa al babbo ed alla matrigna...

Infatti quel bimbo che avevo portato in collo, era diventato un omino di dieci anni, ed andava al liceo.

Quella sera, seduta sul letto, colle gambe penzoloni, livide pel freddo, rimasi lungamente assorta in quelle riflessioni profondamente tristi. Venticinque anni passati, quasi ventisei! Fra quattro anni ne avrei trenta! Mi ricordavo quanto s'era riso colle cugine e con mia sorella d'una certa signorina di ventotto anni, che si dava l'aria d'una giovinetta, e non osava uscir di casa sola. Una volta che aveva detto «quando sarò maritata» ne avevamo avuto per un gran pezzo da burlarla. Ed un'altra volta che le era sfuggito, parlando con noi, di dire: «Fra noi ragazze» oh! che scene avevamo fatte! Ci era sembrato il colmo del ridicolo.

Ed ora ero nello stesso caso. Una zitellona! Non potevo piú parlare di speranze future, di nozze; mi avrebbero burlata dietro le spalle. Le altre ragazze mi trovavano vecchia. E di certo! Le mie coetanee, la Maria più giovane di me, erano maritate, avevano dei figlioli che andavano alla scuola; erano donne. La mia vita era sciupata. Mi vedevo sorgere dinanzi minacciosamente il paravento della povera zia, e mi cadevano le lagrime silenziose, sconsolate, giú per le guancie sulla camicia, e non m'accorgevo che mi gelavano le gambe, che mi assideravo tutta. Una zitellona!

La mattina ero gravemente infreddata, e presi quella scusa, o l'altra che non sapevo ballare, per non andare alla serata della Maria.

Comparire per la prima volta in società come una giovane matura, troppo vecchia per vestirmi di bianco, era troppo umiliante e doloroso.

I sei mesi che passarono tra quel giorno memorabilmente triste, e l'agosto seguente, furono i piú squallidi della mia vita.

Nell'agosto di quello stesso anno, una sera che m'ero coricata presto, mi svegliai verso le undici con una gran sete, ed andai in cucina senza lume a piedi scalzi, per bere un po' d'acqua.

Faceva un caldo soffocante, tutti gli usci erano aperti, e si udivano il babbo e la matrigna discorrere nella loro camera. Il babbo diceva:

— Io non oso neppure proporglielo. Una ragazza giovane e bella...

La matrigna rispose:

— Sicuro è bella ed è sul fior dell'età. Ma, come giovane da marito, è un po' matura.

— Ma che! Quanto ha? ventidue, ventitrè anni...

Povero babbo, per lui non ero una zitellona. Mi credeva sempre la giovinetta che faceva correre sulle strade maestre, narrando l'*Iliade*. La matrigna rettificò.

— Ne ha ventisei. È giovane, ripeto. Ma ci sono tante ragazze, di diciotto o vent'anni belle quanto lei e ricche; e, naturalmente, lei, che non ha dote, ed ha degli anni di piú, se vuol maritarsi non dev'essere troppo esigente. Già è il primo che le capita...

Fuggii in letto in punta di piedi col cuore che mi batteva forte forte. Infatti era il primo che mi capitasse. Chi era? Chiunque fosse, mi faceva un gran bene.

Ero disposta ad accettarlo; il fatto solo d'avermi domandata, era un titolo in suo favore. Non mi trovava troppo matura, lui!

Purché il babbo non si ostinasse ad essere piú esigente di me! Perché non osava propormelo? Era forse un vecchio? Oh Dio! Quante supposizioni, quanti romanzi fabbricai in quella notte!

Fu la matrigna che il giorno dopo, alla fine del pranzo, mi disse:

— Senti, Denza. Ci sarebbe un partito per te; però non è brillante.

Il babbo era presente, ma leggeva un giornale per dimostrare che voleva rimanere estraneo a quella proposta. Io domandai molto agitata:

— Chi è?

— Un notaio di Vercelli, che viene a stabilirsi a Novara.

Fin qui non c'era nulla di male; ma ci doveva essere. Domandai ancora:
— Vecchio?
— No... Quarant'anni —. Stavo per dire che mi pareva vecchio. Ma mi ricordai che ero matura, e dissi invece, cercando ancora il male che non stava nell'età:
— È molto povero?
— Tutt'altro, è agiato. E venendo qui entrerà come socio nello studio del notaio Ronchetti.
Cosa poteva avere a suo svantaggio? La figura di certo. Domandai con molta trepidazione.
— Ma dunque è un mostro?
— Un mostro no... Ma ha un difetto...
Stavo senza fiato. Non osavo interrogare. La matrigna lasciò che mi fossi fatta all'idea d'un difetto, magari d'una deformità, perché il colpo mi riescisse meno grave, poi continuò:

— Ha una verruca; sai, un porro, un po' grosso, qui sulla tempia destra.
Rimasi impressionata. Non riescivo a figurarmi che grossezza potesse raggiungere un porro. Avevo veduto una volta, a Borgomanero, un contadino con un'escrescenza sul naso, grossa il doppio del naso stesso; un orrore. Ma non poteva esser cosí. Quello non era un porro, doveva essere qualche malattia spaventosa... Finalmente mi feci coraggio e domandai:
— È molto grosso?
— No... che! Come una noce. Portando i capelli abbassati sulla tempia, non si vede neppure...
L'idea di quei capelli, ravviati, appiccicati su quella mostruosità che dovevano nascondere, mi dispiacque piú del porro. Mi pareva che, se l'avesse portato con disinvoltura, sarebbe stato meno male.
La matrigna riprese:
— Ad ogni modo vederlo non t'impegna a nulla. Prima di rifiutare, vedilo.

Chinai il capo rassegnata. Non che mi dispiacesse vederlo. Anzi era il mio desiderio. Ma mi dispiaceva che il matrimonio si presentasse in modo tanto differente da quello che avevo sognato.

Era stato il signor Bonelli che aveva proposto per me il notaio Scalchi, come aveva proposto parecchi anni prima Antonio Ambrosoli per mia sorella. Pareva che quel lontano parente avesse la missione di darci marito.

Fu dunque, per colmo d'imbarazzo, in casa sua, ed alla presenza della Maria, che dovetti vedere il mio pretendente.

Andammo in casa Bonelli dopo il loro pranzo, verso le sette. Lo sposo non c'era ancora. Si parlava apertamente di quell'incontro, e del motivo che lo provocava.

La Maria diceva:

— È un bell'uomo, non ha che quel difetto. Del resto ha già rifiutato delle spose con dote, sai. Gli avevano proposto la signorina Vivanti, e non la volle perché era troppo piccola. Le fu presentata mentre stava seduta sopra un divano un po' alto, e lui vide che i piedi non le arrivavano in terra...

La signorina Vivanti era un mostricciattolo che i parenti e gli amici cercavano di maritare da parecchi anni, senza mai riuscirvi. Cosa poteva essere un uomo a cui si proponeva quella specie di sposa?

Venne quasi subito, e la prima impressione non fu sfavorevole. Era alto, un po' grosso, ma ben fatto. Aveva una foresta di capelli castano chiari, tutti dritti a spazzola. Si vedeva che non tentava neppure di portarli abbassati sulla tempia per nascondere il suo difetto. Del resto non avrebbe potuto; erano capelli ispidi che non si piegavano.

Anche per lui la prima impressione dovette essere favorevole, perché, appena m'ebbe trovata collo sguardo, e fissata un minuto, si fece rosso come un giovinetto, e perdette l'aria disinvolta con cui s'era affacciato all'uscio. Quando me lo presentarono ebbe un momento d'imbarazzo, e, sorprendendo i miei occhi rivolti alla sua tempia destra, arrossí un'altra volta.

Ma si rinfrancò subito, e prese parte al discorso che facevano gli uomini. Aveva una voce armoniosa, e parlava bene. S'intratteneva delle risaie del Vercellese; deplorava che fossero troppo vicine alla città, ma chiamava esagerata e sentimentale la compassione degli scrittori pei risaioli. Diceva che, trattati umanamente dai proprietari, possono attendere a quella coltivazione senza soffrirne. E spiegava tutto un sistema d'igiene per quei contadini, che mi annoiava molto.

Avrei voluto che mi parlasse delle sue speranze, dell'impressione che gli avevo fatta... d'amore insomma.

La Maria, da accorta padrona di casa, seppe procurarci un colloquio da soli. Ci fece uscir tutti sul balcone; poi, poco dopo, rientrò colla matrigna per fare il tè, e gli altri le seguirono. Rimanemmo soli sul balcone.

Tenevo gli occhi fissi giú nella strada, e stavo zitta, ansiosa di sentire cosa direbbe.

Parve che ci pensasse molto, perché stette un tratto senza parlare, poi s'appoggiò al davanzale accanto a me e disse:

— Non ho sentito il suo parere signorina, sulla questione che si discuteva dianzi.

Pensai che avessero discusso col babbo o col signor Bonelli sul nostro matrimonio; mi sentii salire al volto una vampa di rossore, e tutta confusa, domandai:

— Quale questione?
— Quella delle risaie.

Credetti che scherzasse, e lo guardai stupefatta. Ma lui, senza far caso del mio stupore, continuò:

— I miei fondi, i pochi che ho, perché non sono un gran possidente, sono in risaia. E ci vivo una parte dell'anno per sorvegliare io stesso i lavori. Per i proprietari di risaie è un obbligo di coscienza; altrimenti si deve affidarsi ai sensali ed allora sí che i poveri giornalieri, in quelle mani, sono oppressi da un lavoro soverchio, mal pagati, mal nutriti, alloggiati come Dio vuole, trattati da schiavi.

Io risposi un po' stizzita:

— Non me ne intendo, sa. Noi abbiamo pochissimi fondi verso Gozzano; boschi e vigneti. Le risaie non le conosco.

— Ma potrebbe trovarsi nel caso di conoscerle, di possederle. E vorrei che comprendesse la necessità di sacrificarsi a sorvegliarle personalmente. Dico sacrificarsi, perché capisco che è un vero sacrificio, specialmente per una signora. Io, per esempio, ho una casa vasta, comoda, anche abbastanza elegante; ma non è una villeggiatura dove si possano fare degl'inviti, dove ci si possa divertire. Si fanno delle passeggiate lungo il giorno, ma la sera bisogna ritirarsi presto, star chiusi in casa ad accender il fuoco...

Capii che mi voleva preparare alla vita che m'aspettava; ma avrei voluto che ci mettesse un po' piú di sentimento. Ero scoraggiata. Lui forse se ne avvide, perché disse:

— Io mi ci sono avvezzo, e lo faccio volentieri, per un sentimento d'umanità; ma sento che se in quei mesi, in quelle lunghe sere nebbiose, avessi vicino qualcuno...

Esitò un tratto; fece una pausa, forse cercava i miei occhi per averne un incoraggiamento a spiegarsi su quel *qualcuno*; ma io non osai voltarmi, e lui concluse con una risatina piena di mistero: «mi ci avvezzerei anche meglio».

La Maria uscí con due chicchere di tè e nel porgermi la mia sussurrò:

— Come va?

E vedendomi rossa e confusa, accennò lei stessa che andava bene.

Ero sconfortata, perché dinanzi a quell'uomo positivo e nella nebbia delle sue risaie, vedevo svanire i miei sogni sentimentali. Ma però ero risoluta a sposarlo per non restar zitellona.

Tutti uscirono sul balcone colle chicchere sorseggiando il tè, persuasi che quei pochi minuti fossero bastati per farci decidere di tutta la nostra vita.

Infatti erano bastati. Avevamo deciso.

Il signor Scalchi se ne andò prima di noi, ed il signor Bonelli, che lo aveva accompagnato in anticamera, rientrò tutto soddisfatto dicendo:

— Lui è felice, e protesta che non poteva desiderare una sposa piú bella, piú gentile. È innamorato addirittura, e teme soltanto di non essere accettato. Gli tremava la voce nel parlarmi. Mi strinse la mano col pianto alla gola: era tutto commosso.

Rimasi sbalordita di quella commozione che era scoppiata soltanto in anticamera, mentre, dinanzi a me, non aveva saputo suggerirgli una parola. Però mi fece piacere e ne fui lusingata. Poteva anche aiutarmi ad uscir d'imbarazzo. Tutti mi guardarono aspettando il mio responso; e la matrigna, vedendo che stavo zitta, mi domandò:

— E tu cosa dici? Ti piace sí o no?

Io balbettai:

— Se non avesse quel porro...

— Ah! se non l'avesse sarebbe meglio di certo. Ma l'ha. Questo è inevitabile. Devi accettarlo con quell'aggiunta o rifiutarlo.

Feci ancora un'obbiezione, per salvare la mia dignità.

— Non potrebbe farselo togliere?

Ci fu un momento di silenzio e d'imbarazzo. Tutti si guardarono, e mi parve di leggere su tutti i volti un'espressione di biasimo. Poi il signor Bonelli rispose:

— Come si fa proporgli una cosa simile? Del resto, se fosse un'operazione possibile l'avrebbe fatta quand'era piú giovine...

La matrigna mi disse severamente:

— Ma ti pare! Esporre la vita d'un uomo per un capriccio...

E la Maria osservò:

— Sarebbe una mortificazione per lui, sentirsi rinfacciare il suo difetto, ora che t'ha conosciuta, ed è innamorato di te... Sii generosa; accettalo com'è...

Il babbo la interruppe:

— Non influenzarla, Maria. Lascia che ci pensi lei. Preghi il Signore che le dia una buona ispirazione; accenda anche una lampada alla Madonna, e poi faccia quello che il cuore le consiglia. Si tratta di tutta la vita. Se lo sposo non le piace è meglio che dica di no subito, per non pentirsi poi.

Non ero punto disposta a dir di no. Chinai il capo in silenzio; ma tutti capirono che avrei accettato, e pel resto della serata si parlò del patrimonio di Scalchi, de' suoi fondi a Borgo Vercelli, dello studio di Novara, del suo socio, come di cose che ci toccassero molto davvicino.

Il domani dissi definitivamente di sí.

Lo sposo fu ammesso in casa. Mi portò i soliti doni nuziali, cercò l'alloggio e vi fece trasportare i suoi mobili da Vercelli, e finalmente si fissò il giorno delle nozze, che grazie alle buone condizioni finanziarie dello sposo, si dovevano fare con solennità.

Da quel momento non ebbi piú tempo di pensare alle mie aspirazioni passate, e quasi neppure al mio sposo. Il matrimonio, colle sue formalità preventive, m'assorbiva tutta, ed assorbiva anche il resto della famiglia. Mia sorella aveva affidato il figliolo alla suocera, ed era venuta a Novara per aiutarci. Tutto il giorno eravamo in giro a far compere, o visite di partecipazione. E la sera, io e mia sorella, facevamo delle copie, colla nostra scrittura piú accurata, d'un epitalamio che il babbo aveva preparato per le mie nozze.

A misura che una copia era finita, lui la correggeva, — c'era sempre da correggere nelle nostre copie, — poi la rotolava, la legava con un nastrino rosso, e ci scriveva sopra il nome dei destinatari, con una precisione notarile: «Signor Bonelli ingegnere Agapito, e genero e figlia, coniugi Crespi». «Signor Martino Bellotti, dottore in medicina, chirurgia ed ostetricia, e consorte».

Intanto la matrigna combinava la colazione e gli inviti, e tratto tratto interrompeva il nostro lavoro, per consultarci e fare delle lunghe discussioni.

A mia ricordanza non s'era mai fatto un invito a pranzo in casa nostra. Avevamo l'abitudine di desinare in cucina, al tocco, e quando capitava lo zio Remigio, o qualcuno degli Ambrosoli, o qualche altro parente di fuori, gli si offriva il nostro desinare di famiglia, senza nessuna aggiunta, su quella tavola di cucina, tra i fornelli ed il paravento della zia.

Ora il paravento non c'era piú; ma ad ogni modo non era possibile servire una colazione nuziale in cucina. Bisognava apparecchiare in salotto.

Quella novità ci mise in grande orgasmo. Si dovettero portar via i sacchi di granturco, le patate, le castagne e tutto; si dovettero scoprire i mobili, ed appendere le cortine, e togliere le tavole rotonde per sostituirvi quella grande della cucina. Poi non era lunga a sufficienza, e ci si aggiunsero ancora ai due capi le tavole rotonde un po' piú bassine, che facevano un effetto curioso e poco bello. Nessuna delle nostre tovaglie aveva le dimensioni di quella mensa cosí allungata. E le due tavole rotonde ebbero anche una tovaglia a parte, di modo che facevano come casa da sé, un gradino piú in giú della tavola centrale.

Il babbo suggerí di nascondere il gradino sotto uno strato di fiori; ma rinunciò a mettersi, come s'era combinato prima, a capo tavola, perché, dovendo sedere piú basso, non avrebbe dominato tutta la mensa leggendo l'epitalamio. Scelse il posto nel centro, e la matrigna l'altro in faccia a lui, sebbene quella nuova moda francese non fosse di loro gusto.

Anche la mia abbigliatura da sposa era stata argomento di molte discussioni. La solennità che si voleva dare alla cerimonia, non arrivava però al lusso dell'abito bianco. Un abito di seta colorata a strascico, sul quale avevo fatto assegnamento e di cui andavo superba, la Maria lo trovò disadatto alla circostanza e *provinciale*. Allora la matrigna fece la pensata di vestirmi da viaggio, e per quanto le si facesse osservare che non facevamo nessun viaggio, non si lasciò rimovere, ed il vestito da viaggio fu accettato.

Finalmente venne quella mattina aspettata e temuta. Quando fui tutta vestita come una *touriste* che si disponesse a fare il giro del mondo, cominciai a piangere abbracciando tutti prima d'andare in chiesa, come se non dovessimo mai più rivederci in questo mondo. Poi, durante la cerimonia piansi tanto che fu un miracolo se udirono il *sí*, che tentai di pronunziare fra due singhiozzi. Poi tornai a piangere zitta zitta durante tutta la colazione, rispondendo con un piccolo singhiozzo ogni volta che mi facevano un complimento, tanto che smessero di farne, e mangiarono tutti quieti, parlando di cose serie, dei raccolti, che quell'anno erano buoni, dei *nostri vini* dell'alto Novarese che non hanno nulla da invidiare a quelli del Piemonte, e del secondo vino, «*il cosí detto vinello* che è eccellente, e tanto conveniente per uso di famiglia».

Poi, alle frutta, quando il babbo spiegò uno dei tanti fogli che avevo scritto io stessa, e cominciò a leggere ad alta voce:

In questo dí, sacro ad Imene, io prego
La Vergine ed i Santi a voi propizi,

quei versi, che sapevo a mente, mi commossero al punto che scoppiai in un pianto dirottissimo, e dovettero condurmi via.

Cosí, dopo tutti quegli anni d'amore, di poesia, di sogni sentimentali, fu concluso il mio matrimonio.

Ora ho tre figlioli. Il babbo, che quel giorno dell'incontro con Scalchi aveva accesa lui la lampada che mi consigliava, dice che la Madonna mi diede una buona inspirazione. E la matrigna pretende che io abbia ripresa la mia aria beata e minchiona dei primi anni.

Il fatto è che ingrasso.

Printed in Great Britain
by Amazon.co.uk, Ltd.,
Marston Gate.